SPANISH

CLEP* Test Study Guide

All rights reserved. This Study Guide, Book and Flashcards are protected under the US Copyright Law. No part of this book or study guide or flashcards may be reproduced, distributed or stored in a retrieval system, or transmitted in any form or by any means, electronic, mechanical, photocopying, recording, or otherwise, without the prior written permission of the publisher Breely Crush Publishing, LLC.

© 2026 Breely Crush Publishing, LLC

*CLEP is a registered trademark of the College Entrance Examination Board which does not endorse this book.

971010221143

Copyright ©2003 - 2026, Breely Crush Publishing, LLC.

All rights reserved.

This Study Guide, Book and Flashcards are protected under the US Copyright Law. No part of this publication may be reproduced, distributed or stored in a retrieval system, or transmitted in any form or by any means, electronic, mechanical, photocopying, recording, or otherwise, without the prior written permission of the publisher Breely Crush Publishing, LLC.

Published by Breely Crush Publishing, LLC
10808 River Front Parkway
South Jordan, UT 84095
www.breelycrushpublishing.com

ISBN-10: 1-61433-651-2
ISBN-13: 978-1-61433-651-8

Printed and bound in the United States of America.

*CLEP is a registered trademark of the College Entrance Examination Board which does not endorse this book.

Table of Contents

Read This First! 1
Listen and Watch 1
About The Spanish Language CLEP 2
Gender in Spanish 2
Now You Try - Gender 4
Verb Conjugations 5
Ser and Estar 8
Now You Try - Ser vs. Estar 10
The Family 11
Now You Try - The Family 12
Colors 13
Now You Try - Colors 13
Numbers 14
Now You Try - Numbers 15
Months 16
Now You Try - Months 16
Days of the Week 17
Now You Try - Days of the Week 17
School 18
Now You Try - School 19
Top 100 Common Verbs 20
Now You Try - Verbs 23
Professions 25
Now You Try - Professions 26
Places 27
Now You Try - Places 27
Greetings 28
Now You Try - Places 29
Weather & Seasons 30
Now You Try - Places 31
Sample Test Questions 32
Section 1: Listening 32
Test Questions Answers and Translation 36
Section 2: Listening 40
Test Questions Answers and Translation 49
Section 3: Reading Part A 58
Test Questions Answers and Translation 61
Section 3: Reading Part B 64
Test Questions Answers and Translation 68

Section 3: Reading Part C *69*
Test Questions Answers and Translation *80*
Test Taking Strategies *89*
What Your Score Means *89*
Specific Test Information *90*
Legal Note *90*

Read This First!

The Spanish Language CLEP test is a test that you only want to undertake with prior Spanish experience. At the very minimum, you need at least two years of High School level Spanish to be able to pass this exam. For individuals who are native speakers, this test is a must for you to take. If you don't need this type of credit, it can apply as elective credit. This study guide is unique as it does review and teach you the information, but it requires prior knowledge. Most of this study guide will be used to provide familiarity with the testing procedures and practice your understanding in a simulated testing experience.

Listen and Watch

To re-familiarize yourself with the language, you should speak with as many people as you can in Spanish. Take time to have different conversations. If you don't have someone that you can practice with, turn on the television and watch Spanish language television. A good type of program to watch are the Spanish language dramas or soap operas. These provide normal, common conversations that are generally spoken slow enough for you to understand. You can watch television from Spain, Mexico and other Spanish language countries online, for free! Here is a link to a long list of television channels: http://www.multilingualbooks.com/online-tv-spanish.html#about

You can also find other Spanish television online by typing in Watch Spanish Television Online in any search engine. Almost all are free and will give you practice in listening to Spanish. This is important because you will need listening practice to do well on the test. There are a lot of paid and free resources out there. If you want to go to a more reputable place to get good information, check out this link to the BBC http://www.bbc.co.uk/languages/spanish/talk/greetings/ This website has free video clips and short pratice activities.

About the Spanish Language CLEP

The Spanish Language CLEP exam is much different from other CLEP tests. For example, for this exam, there are only four answer choices, while other CLEP tests have five answer choices.

It is important to guess if you do not know the correct answer. If you know that one answer is NOT right, by using the process of elimination, you give yourself a better chance of getting the answer right, and a better chance for a passing score. You are not penalized for getting an answer wrong. You will earn one point for every question you get right.

Each section of the test will have specific instructions for that part of the test. The sample test section of the study guide will mimic those sections and sample test questions. It is important to read those instructions so you know the flow of the test.

Gender in Spanish

Gender in Spanish is very important. Each noun has a feminine or masculine version. Feminine nouns use "la" before the noun. For example, "la mujer" or "the woman" shows that in Spanish when you use an article, or the word "the," you use it in a feminine or masculine way.

For most native speakers, this is usually an unconscious distinction, as it was learned. For speakers learning the language, it takes a bit more time to master. There are some simple rules that can give you some clues to know when to use a masculine or feminine article.

RULES FOR FEMININE WORDS

Feminine nouns use la or las.

Generally nouns ending in the following are feminine:
- -a
- -dad
- -tad
- -tud
- -cíon
- -síon

-gíon
-ez
-triz
-umbre

RULES FOR MASCULINE WORDS

Masculine nouns use el or los.

Generally nouns ending in the following are masculine:
-ma
-pa
-ta

There are some exceptions to the gender rules, but these guidelines will prevail 99% of the time.

Now You Try - Gender

Here is a quick test for masculine vs feminine. Write the correct article, **el**, **los**, **la**, or **las** next to the word.

1. _____ ropa
2. _____ calle
3. _____ maestro
4. _____ perro
5. _____ padres
6. _____ mazanas
7. _____ banco
8. _____ jardín
9. _____ libros
10. _____ silla

Answers

1. la ropa (clothes)
2. la calle (street)
3. el maestro (teacher, male)
4. el perro (dog)
5. los padres (parents - always choose los when including one male and one female)
6. las manzanas (apples)
7. el banco (bank)
8. el jardín (garden)
9. los libros (books)
10. la silla (chair)

Verb Conjugations

When you hear words like infinitives, preterit and imperfect, it is enough to get you to put down this study guide and decide you won't be testing out after all. That doesn't have to be the case! Yes, these words sound scary! But read on because you don't have to be a linguistics major to understand when to use the correct version.

Infinitive is a simple way of describing the -ar, -ir, etc. of the verb. For example, the verb hablar has an infinitive of -ar. Habl- is the stem of the word.

Here is the basic layout for all verb conjugations:

Yo	Nosotros
Tú	Vosotros
Él	Ellos

Yo - I	Nosotros - We
Tú - You	Vosotros - You (informal, plural)
Él/Ellas - He/She	Ellos - They

All regular verbs are conjugated in these patterns. You will not need to tell the difference between difference tenses. In English these are past, present and future. In Spanish these are:

- Present
- Past
- preterite (used when talking about a completed action, used to tell about something that happened one time, the start or end of a process.)
- imperfect indicative (used when the action doesn't have a clear end, used to tell about past actions, repeated actions, describing time in the past.)

These types of verbs are conjugated differently.

Present indicative tense for hablar:

Yo hablo	Nosotros hablamos
Tú hablas	Vosotros habláis
Él habla	Ellos hablan

The stem of the word hablar is kept (which is habl-) and the ends are added. View the ends below in italics.

Yo habl*o*   Nosotros habl*amos*
Tú habl*as*   Vosotros habl*áis*
Él habl*a*   Ellos habl*an*

Present subjunctive tense for hablar:

Yo hable   Nosotros hablemos
Tú hables   Vosotros habléis
Él hable   Ellos hablen

When do you use indicative vs. subjunctive? Subjunctive is not a tense, but more of a mood. Indicative is used for factual information, the time, the date, verifiable information, anything certain. Subjunctive is used for sentences that are *subjective to the person* or uncertain.

Imperfect Tenses

This is the conjugation for hablar in the imperfect (past) tense.

Yo hablaba   Nosotros hablámos
Tú hablabas   Vosotros hablabais
Él hablaba   Ellos hablaban

This is the conjugation for aprender in the imperfect (past) tense.

Yo aprendía   Nosotros aprendíamos
Tú aprendías   Vosotros aprendíais
Él aprendía   Ellos aprendían

This is the conjugation of escribir in the imperfect (past) tense.

Yo escribía   Nosotros escribíamos
Tú escribías   Vosotros escribíais
Él escribía   Ellos escribían

Preterite Tenses

This is the conjugation of hablar in the preterite tense. This tells of a past, completed action.

Yo hablé	Nosotros hablamos
Tú hablaste	Vosotros hablateis
Él habló	Ellos hablaron

This is the conjugation for aprender in the preterite tense.

Yo aprendí	Nosotros aprendimos
Tú aprendiste	Vosotros aprendisteis
Él aprendío	Ellos aprendieron

This is the conjugation of escribir in the preterite tense.

Yo escribí	Nosotros escribimos
Tú escribiste	Vosotros escribisteis
Él escribió	Ellos escribieron

Future Tenses

This is the conjugation of hablar in the future tense. This tells of a future action.

Yo hablaré	Nosotros hablaremos
Tú hablarás	Vosotros hablaréis
Él hablará	Ellos hablarán

This is the conjugation of escribir in the future tense.

Yo escribiré	Nosotros escribiremos
Tú escribirás	Vosotros escribiréis
Él escribirá	Ellos escribirán

Now, you will not need to know how to determine or label tense on the CLEP test. But you do need to know when the correct form of a verb is being used. To a native Spanish speaker, this is easy and instinctive. To a speaker of 5+ years, this is also the case. For most beginner students, the best way for you to study Spanish is to practice and understand verb conjugation, but to spend most of your time learning the most common 100 verbs as well as listening to and reading Spanish to increase your comprehension.

Common Irregular Verbs

Tener- to have

Yo tengo	Nosotros/as tenemos
Tú tiene	Vosotros/as tenéis
Él tiene	Ellos tienen

Ir - to go

Yo voy	Nosotros/as vamos
Tú vas	Vosotros/as vais
Él va	Ellos van

Ser and Estar

Ser is an irregular verb. The word ser means, "to be." This is not to be confused with estar which means, "to be." How is this possible? You use the verb that goes with the situation. For the CLEP test, it very important to know when to use ser vs. estar.

Use **ser** when:

Describing your identity, including race, gender, hair color, etc.
Talking about dates, seasons, times, events,
Talking about what things are made of.
Talking about possession of an object.

Use **estar** when:

Talking feelings and emotions
Talking about locations of objects or people
Talking about what is happening at this precise moment.

SER
This is the conjugation for ser in the present tense:

Yo soy (I am)	Nosotros somos (We are)
Tú eres (You are)	Vosotros sois
Él es (He/She is)	Ellos son (They are)

This is the conjugation for ser in the preterite tense:

Yo fui   Nosotros fuimos
Tú fuiste   Vosotros fuisteis
Él fue   Ellos fueron

This is the conjugation for ser in the imperfect tense:

Yo era   Nosotros éramos
Tú eras   Vosotros erais
Él era   Ellos eran

ESTAR

This is the conjugation for estar in the present tense:

Yo estoy   Nosotros estamos
Tú estás   Vosotros estáis
Él está   Ellos están

This is the conjugation for estar in the preterite tense:

Yo estuve   Nosotros estuvimos
Tú estuviste   Vosotros estuvisteis
Él estuve   Ellos estuvieron

This is the conjugation for estar in the imperfect tense:

Yo estaba   Nosotros estábamos
Tú estabas   Vosotros estabais
Él estaba   Ellos estaban

Now You Try - Ser vs. Estar

Next to the situation, write whether you should use the verb ser or estar.

1. Time of day _____.
2. Man _____.
3. Pencil in the drawer _____.
4. Sad _____.
5. Friday _____.
6. Angry _____.
7. Brown hair_____.
8. From Florida _____.
9. January _____.
10. Sleepy _____.

ANSWERS

1. ser
2. ser
3. estar
4. estar
5. ser
6. estar
7. ser
8. ser
9. ser
10. estar

The Family

Spanish	English
Abuela	Grandmother
Abuelo	Grandfather
Amiga	Friend (female)
Amigo	Friend (male)
Cuñada	Sister-in-law
Cuñado	Brother-in-law
Esposa	Wife
Esposo	Husband
Hermana	Sister
Hermano	Brother
Hija	Daughter
Hijo	Son
Madre	Mother
Nieta	Granddaughter
Nieto	Grandson
Padre	Father
Prima	Cousin (female)
Primo	Cousin (male)
Sobrina	Niece
Sobrino	Nephew
Suegra	Mother-in-law
Suegro	Father-in-law
Tía	Aunt
Tío	Uncle

Now You Try - Family

Answer the following questions, with the Spanish answer on the line below, without looking at the chart.

1. Your sister's son is your _____.
2. Your mother _____.
3. Your husband's sister is your _____.
4. Your son _____.
5. Your mother's mother is your _____.
6. Your brother _____.
7. Your wife _____.
8. Your mother's father _____.
9. Your aunt's son is your _____.
10. Your father _____.

Answers

1. sobrino
2. madre
3. cuñada
4. hijo
5. abuela
6. hermano
7. esposa
8. abuelo
9. primo
10. padre

 Colors

Spanish	English
Amarillo	Yellow
Anaranjado	Orange
Azul	Blue
Blanco	White
Gris	Gray
Marrón	Brown
Morado	Purple
Negro	Black

NOW YOU TRY - COLORS

Write the name of the color next to the Spanish word.

1. gris _____
2. azul _____
3. negro _____
4. blanco _____
5. anaranjado _____

ANSWERS

1. gray
2. blue
3. black
4. white
5. orange

Numbers

Number	Spanish
0	Cero
1	Uno
2	Dos
3	Tres
4	Cuatro
5	Cinco
6	Seis
7	Siete
8	Ocho
9	Nueve
10	Diez
11	Once
12	Doce
13	Trece
14	Catorce
15	Quince
16	Dieciséis
17	Diecisiete
18	Dieciocho
19	Diecinueve
20	Veinte
30	Treinta
40	Cuarenta
50	Cincuenta
60	Sesenta
70	Setenta
80	Ochenta
90	Noventa
100	Cien

1st	Primero
2nd	Segundo
3rd	Tercero
4th	Cuarto

NOW YOU TRY - NUMBERS

Write the name of the number next to the Spanish word.

1. tercero _____
2. cuatro_____
3. cien _____
4. primero _____
5. treinta _____

ANSWERS

1. third
2. four
3. one hundred
4. first
5. thirty

 Months

Spanish	English
enero	January
febrero	February
marzo	March
abril	April
mayo	May
junio	June
julio	July
agosto	August
septiembre	September
octubre	October
noviembre	November
diciembre	December

Remember that in Spanish, the months of the year are not capitalized.

Now You Try - Months

Write the name of the month next to the Spanish word.

1. octubre _____
2. enero _____
3. mayo _____
4. julio _____
5. agosto _____

Answers

1. October
2. January
3. May
4. July
5. August

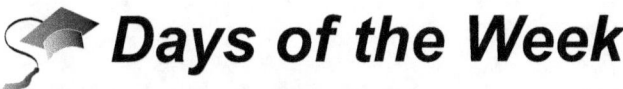 Days of the Week

Spanish	English
lunes	Monday
martes	Tuesday
miércoles	Wednesday
jueves	Thursday
viernes	Friday
sábado	Saturday
domingo	Sunday

Remember that in Spanish, the days of the week not capitalized. In Spanish speaking countries, the week begins on Monday.

NOW YOU TRY - DAYS OF THE WEEK

Write the name of the day of the week next to the Spanish word.

1. miércoles _____
2. sábado _____
3. viernes _____
4. domingo _____
5. lunes _____

ANSWERS

1. Wednesday
2. Saturday
3. Friday
4. Sunday
5. Monday

 # School

Spanish	English
un bolígrafo	ballpoint pen
el encerado	blackboard
un libro	book
una calculadora	calculator
la tiza	chalk
una clase	class
una aula	classroom
un pupitre	desk
un diccionario	dictionary
una goma	eraser
una pluma	fountain pen
el gimnasio	gym
el pasillo	hall
la biblioteca	library
una libreta	notebook
el papel	paper
un lápiz	pencil
un sacapuntas	pencil sharpener
una regala	ruler
el/la profesor/a	teacher
saber	to know
aprender	to learn
estudiar	to study
el taller	workshop

Now You Try - School

Write the name of the item next to the Spanish word.

1. tiza _____
2. regala _____
3. saber _____
4. pasillo _____
5. pluma _____
6. clase _____
7. libro _____
8. encerado _____
9. pupitre _____
10. lápiz _____

Answers

1. chalk
2. ruler
3. to know
4. hallway
5. pen
6. class
7. book
8. blackboard
9. desk
10. pencil

Top 100 Common Verbs

Spanish	English
abrir	open
aceptar	accept
andar	walk
apagar	turn off
aprender	learn
bailar	dance
beber	drink
buscar	look for
caber	fit
caerse	fall
cambiar	change
cancelar	cancel
cantar	sing
cerrar	close
comenzar	start
comer	eat
comprar	buy
conducir	drive
contar	count
correr	run
cortar	cut
creer	believe
dañar	hurt
dar	give
deber	should
decir	say
dejar	leave
despertar	wake up
dibujar	draw
dormir	sleep

encender	turn on
encontrar	find
enseñar	teach
entender	understand
enviar	send
escribir	write
escuchar	listen
esperar	wait
estar	be
estudiar	study
explicar	explain
firmar	sign
fumar	smoke
haber	have
hablar	talk
hacer	do
intentar	try
ir	go
jugar	play
leer	read
limpiar	clean
llamar	call
llegar	arrive
llenar	fill
llevar	take
llover	rain
mirar	look
nadar	swim
necesitar	need
oir	hear
olvidar	forget
organizar	organize
pagar	pay
pasar	pass

peinar	comb
pensar	think
perder	lose
permitir	allow
poder	can
poner	put
ponerse de pie	stand
preguntar	ask
preocuparse	worry
prestar	borrow
quedar	stay
quedarse	complain
querer	want
desear	want
reparar	fix
responder	reply
romper	break
saber	know
salir	leave
sequir	follow
sentarse	sit
ser	be
tener	have
terminar	finish
tomar	take
toser	cough
trabajar	work
traer	bring
usar	use
vender	sell
venir	come
ver	see
vestir	dress
viajar	travel

vivir	live
volar	fly

NOW YOU TRY - VERBS

Write the name of the verb next to the Spanish word.

1. entender _____
2. ir _____
3. fumar _____
4. firmar _____
5. leer _____
6. estudiar _____
7. andar _____
8. comenzar _____
9. dormir _____
10. escuchar _____
11. cortar _____
12. dar _____
13. dormir _____
14. buscar _____
15. despertar _____
16. dañar _____
17. cantar _____
18. dibujar _____
19. abrir _____
20. aprender _____
21. olvidar _____
22. poner _____
23. traer _____
24. usar _____
25. tener _____
26. sentarse _____
27. romper _____
28. saber _____
29. ser _____
30. prestar _____

ANSWERS

1. understand
2. go
3. smoke
4. sign
5. read
6. study
7. walk
8. start
9. sleep
10. listen
11. cut
12. give
13. sleep
14. look for
15. wake up
16. hurt
17. sing
18. draw
19. open
20. learn
21. forget
22. put
23. bring
24. use
25. have
26. sit
27. break
28. know
29. be
30. borrow

Professions

Spanish	English
abogado	lawyer
actriz	actress
banquero	banker
bibliotecario	librarian
bombero	firefighter
camerero	waiter
cantante	singer
carnicero	butcher
cartero	mailman
cura	priest
chófer	driver
dentista	dentist
desempleado	unemployed
electrista	electrician
empleado	employee
enfermo	nurse
escritor	writer
florista	florist
fontanero	plumber
fotógrafo	photographer
jardinero	gardener
maestro	teacher
marinero	sailor
mecánico	mechanic
médico	doctor
peluquero	hairdresser
pescador	fisherman
piloto	pilot
pintor	painter
profesor	professor

Now You Try - Professions

Write the name of the profession next to the Spanish word.

1. pintor _____
2. mecánico _____
3. enfermo _____
4. bombero _____
5. escritor _____
6. chófer _____
7. banquero _____
8. jardinero _____
9. pescardor _____
10. cura _____

Answers

1. painter
2. mechanic
3. nurse
4. firefighter
5. writer
6. driver
7. banker
8. gardener
9. fisherman
10. priest

 Places

Spanish	English
aeropuerto	airport
banco	bank
biblioteca	library
cafetería	cafe
escuela	school
farmacia	pharmacy
hospital	hospital
mercado	market
museo	museum
policía	police station
posada	hotel
restaurante	restaurant
tienda	store

NOW YOU TRY - PLACES

Write the name of the number next to the Spanish word.

1. museo _____
2. tienda _____
3. aeropuerto _____
4. farmacia _____
5. biblioteca _____

ANSWERS

1. museum
2. store
3. airport
4. pharmacy
5. library

Greetings

Spanish	English
adiós	goodbye
bienvenido	welcome
buenas noches	good evening
buenas tardes	good afternoon
buenos días	good day, good morning
¿cómo estás?	how are you?
¿cómo le va?	how's it going?
encantada	it's a pleasure to meet you
hola	hello
mucho gusto	it's a pleasure to meet you
muy bien, gracias	very well, thank you
¿qué pasa?	what's happening?
¿qué tal?	what's happening?

NOW YOU TRY - GREETINGS

Write the greeting next to the Spanish word.

1. buenas tardes _____
2. mucho gusto _____
3. ¿qué tal? _____
4. bienvenido _____
5. encantada _____
6. ¿cómo le va? _____

ANSWERS

1. good afternoon
2. it's a pleasure to meet you
3. what's happening?
4. welcome
5. it's a pleasure to meet you
6. how's it going

Weather & Seasons

Spanish	English
estación lluviosa	wet season
estación seca	dry season
hace buen tiempo	the weather is good
hace calor	it's hot
hace frío	it's cold
hace mal tiempo	the weather is bad
hace sol	it's sunny
hace viento	it's windy
hay granizo	it's hailing
hay humedad	it's humid
hay lloviznas	it's sprinkling
hay lluvias torrenciales	it's pouring
hay nubes	it's cloudy
hay un vendaval	there's a windstorm
invierno	winter
otoño	fall
primavera	spring
¿qué tiempo hace?	what's the weather like?
verano	summer

Now You Try - Weather & Seasons

Write the correct word or phrase next to the Spanish word.

1. hace buen tiempo _____
2. hay humedad _____
3. invierno _____
4. estación seca _____
5. hay un vendaval _____
6. ¿qué tiempo hace? _____
7. otoño _____
8. hace calor _____

Answers

1. the weather is good
2. it's humid
3. winter
4. wet season
5. there's a windstorm
6. what's the weather like?
7. fall
8. it's hot

Sample Test Questions

Section One - Listening Rejoinders

In this section you will hear a conversation in Spanish. You will then hear four responses/answer choices, A, B, C, and D. After those four answer choices are spoken, you will have to enter the correct answer. You will only hear the answer once. This is an example, completely in English to make sure you understand the format of the question:

How are you doing today Marco?

    A) A little bit later.
    B) Fine and you?
    C) Wait awhile and I'll come with you.
    D) I can't today.

The correct answer is B) Fine and you? This is the proper response, the only response that actually makes sense in this context.

In this section of the CLEP test, the question as well as the answer choices will all be spoken. You will have to listen carefully as none of the questions will be written down. You will have 10 seconds to enter your answer before the next question begins.

Listen to the recorded audio at: http://www.passyourclass.com/listening.html

1) ¿Marco, en dónde está tu hermana?

    A) Ella está en la tienda.
    B) Yo me fui a la fiesta.
    C) Ella jugó ajedrez.
    D) Ella no me preguntó.

2) ¿Hace cuánto tiempo estudias español?

    A) Más de cinco años.
    B) Hoy no puedo.
    C) Voy a cocinar más tarde.
    D) El español es divertido.

3) ¿Cómo se llama tu gato?

   A) Mi gato atrapa ratones.
   B) El nombre de mi gato es George.
   C) Mi gato permanece adentro.
   D) El gato es de mi hermano.

4) ¿A qué hora cierra la farmacia?

   A) Ellos tienen el día libre hoy.
   B) Hoy cierra por la tarde.
   C) Voy a la farmacia luego del trabajo.
   D) No tengo tiempo de ir a la farmacia.

5) ¿Qué se te ofrece para almorzar?

   A) Odio la comida.
   B) Es momento de irnos.
   C) Estoy listo para comer.
   D) Yo quiero ensalada.

6) ¿Quién toca la puerta?

   A) Estoy listo.
   B) ¿Qué quisieras comer?
   C) Era mi profesor de español.
   D) ¿Ya es la hora?

7) ¿Qué quisieras de regalo por tu cumpleaños?

   A) Yo quiero un nuevo estéreo.
   B) Yo devolví mi iPod a la tienda.
   C) Yo odio los cumpleaños.
   D) Pienso que es fantástico.

8) ¿Tocas algún instrumento musical?

   A) Si, toco el piano.
   B) Me encanta la música.
   C) Yo no sé cómo jugar a las cartas.
   D) No puedo decidir.

9) ¿Cómo llego a la oficina de correos?

   A) Está cerca de aquí, en algún lugar.
   B) ¿Porqué no vas a la tienda en lugar de la oficina de correos?
   C) Voltea a la derecha en la esquina.
   D) No tengo prisa en llegar.

10) ¿Te gustaría tomar leche?

    A) La leche está en el refrigerador.
    B) Si, por favor, me gustaría tomar leche.
    C) Si tu madre lo dice.
    D) No tengo hambre.

11) ¿Es tarde. Tuviste problemas para dormir?

    A) Es un dormitorio confortable.
    B) ¿Cuáles son tus planes para hoy?
    C) Si, estuve dando vueltas toda la noche.
    D) Sin embargo fui a clases.

12) ¿A dónde fue Miguel?

    A) El se sintió enfermo y se fue a casa.
    B) En el pasillo.
    C) Yo comí demasiado.
    D) No puedo esperar para que termine la escuela.

13) ¿Que llegó en el correo?

    A) Todo lo que recibimos siempre es publicidad.
    B) Algunas facturas y una carta de tu mamá.
    C) Yo preferiría un pastel.
    D) El correo siempre llega tarde.

14) ¿Tienes una familia numerosa?

    A) Si, tengo seis hermanos y dos hermanas.
    B) Yo soy la menor.
    C) Mi familia tiene una casa grande.
    D) Mi familia es la mejor del mundo.

15) ¿Cómo conociste a tu esposa?

   A) No estoy seguro qué es lo que ella está haciendo.
   B) ¿No es maravillosa?
   C) Es tiempo de conocerla.
   D) Unos amigos nos presentaron en la escuela.

16) ¿Ya estás listo?

   A) Estoy listo para partir, cuando tú lo estés.
   B) Apúrate, más rápido.
   C) Siempre llego tarde.
   D) En este momento no puedo.

17) ¿Compraste todo en la tienda?

   A) No, me olvide los huevos y el pan.
   B) Ella me dio el alcance en la tienda.
   C) Odio ir a la tienda por las filas tan largas.
   D) Hazme una nueva lista de compras.

18) ¿Qué deberíamos sembrar en el jardín?

   A) Lechiga es todo lo que realmente me gusta comer.
   B) Estoy listo para comer la producción.
   C) Odio trabajar en el jardín.
   D) Quisiera sembrar lechugas, zanahorias y tomates.

 Test Questions Answers & Translation

1) ¿Marco, en dónde está tu hermana?
   Where is your sister Marco?

   A) Ella está en la tienda. — **She's at the store.**
   B) Yo me fui a la fiesta. — I went to the party.
   C) Ella jugó ajedrez. — She played chess.
   D) Ella no me preguntó. — She didn't ask me.

2) ¿Hace cuánto tiempo estudias español?
   How long have you studied Spanish?

   A) Más de cinco años. — **Over five years.**
   B) Hoy no puedo. — I can't today.
   C) Voy a cocinar más tarde. — I'm cooking later.
   D) El español es divertido. — Spanish is fun.

3) ¿Cómo se llama tu gato?
   What is the name of your cat?

   A) Mi gato atrapa ratones. — My cat catches mice.
   B) El nombre de mi gato es George. — **My cat's name is George.**
   C) Mi gato permanece adentro. — My cat stays inside.
   D) El gato es de mi hermano. — It's my brother's cat.

4) ¿A qué hora cierra la farmacia?
   What time does the drug store close?

   A) Ellos tienen el día libre hoy. — They have today off.
   B) Hoy cierra por la tarde. — **It closes at noon today.**
   C) Voy a la farmacia luego del trabajo. — I'm going to the drug store after work.
   D) No tengo tiempo de ir a la farmacia. — I don't have time to go.

5) ¿Qué se te ofrece para almorzar?
   What do you want for lunch?

   A) Odio la comida. — I hate food.
   B) Es momento de irnos. — It's time to go.
   C) Estoy listo para comer. — I'm ready to eat.
   D) Yo quiero ensalada. — **I want a salad.**

6) ¿Quién toca la puerta? Who was at the door?

   A) Estoy listo. I'm ready.
   B) ¿Qué quisieras comer? What do you want to eat?
   C) Era mi profesor de español. It was my Spanish teacher.
   D) ¿Ya es la hora? Is it time?

7) ¿Qué quisieras de regalo por tu cumpleaños? What do you want for your birthday?

   A) Yo quiero un nuevo estéreo. I want a new stereo.
   B) Yo devolví mi iPod a la tienda. I took my iPod back to the store.
   C) Yo odio los cumpleaños. I hate birthdays.
   D) Pienso que es fantástico. I think that's great.

8) ¿Tocas algún instrumento musical? Do you play a musical instrument?

   A) Si, toco el piano. Yes, I play the piano.
   B) Me encanta la música. I love music.
   C) Yo no sé cómo jugar a las cartas. I don't know how to play cards.
   D) No puedo decidir. I can't decide.

9) ¿Cómo llego a la oficina de correos? How do you get to the post office?

   A) Está cerca de aquí, en algún lugar. It's around here somewhere.
   B) ¿Porqué no vas a la tienda en lugar de la oficina de correos? Why don't you go to the store instead?
   C) Voltea a la derecha en la esquina. Turn right at the corner.
   D) No tengo prisa en llegar. I'm not in a hurry to go.

10) ¿Te gustaría tomar leche? Would you like milk?

    A) La leche está en el refrigerador. Milk in fridge.
    B) Si, por favor, me gustaría tomar leche. Yes, please, I like milk.
    C) Si tu madre lo dice. If your mother says so.
    D) No tengo hambre. I'm not hungry.

11) ¿Es tarde. Tuviste problemas para dormir? It's late. Did you have trouble sleeping?

    A) Es un dormitorio confortable. It's a comfortable room.
    B) ¿Cuáles son tus planes para hoy? What is your plan for today?
    C) Si, estuve dando vueltas toda la noche. Yes, I tossed and turned all night.
    D) Sin embargo fui a clases. I went to class anyway.

12) ¿A dónde fue Miguel? — Where did Miguel go?

   A) El se sintió enfermo y se fue a casa. — **He was sick and went home.**
   B) En el pasillo. — In the hallway.
   C) Yo comí demasiado. — I ate a lot.
   D) No puedo esperar para que termine la escuela. — I can't wait for school to be over.

13) ¿Que llegó en el correo? — What came in the mail?

   A) Todo lo que recibimos siempre es publicidad. — All we ever get are advertisements.
   B) Algunas facturas y una carta de tu mamá. — **Some bills and a letter from your mom.**
   C) Yo preferiría un pastel. — I would rather have pie instead.
   D) El correo siempre llega tarde. — The mail is always late.

14) ¿Tienes una familia numerosa? — Do you have a large family?

   A) Si, tengo seis hermanos y dos hermanas. — **Yes, I have six brothers and two sisters.**
   B) Yo soy la menor. — I'm the youngest.
   C) Mi familia tiene una casa grande. — My family has a big house.
   D) Mi familia es la mejor del mundo. — My family is the best in the world.

15) ¿Cómo conociste a tu esposa? — How did you meet your wife?

   A) No estoy seguro qué es lo que ella está haciendo. — I'm not sure what she is doing.
   B) ¿No es maravillosa? — Isn't she great?
   C) Es tiempo de conocerla. — It's time to meet her.
   D) Unos amigos nos presentaron en la escuela. — **Some friends introduced us at school.**

16) ¿Ya estás listo? — Are you ready yet?

   A) Estoy listo para partir, cuando tú lo estés. — **I'm ready to go when you are.**
   B) Apúrate, más rápido. — Hurry faster.
   C) Siempre llego tarde. — I'm always late.
   D) En este momento no puedo. — I can't right now.

17) ¿Compraste todo en la tienda?　　Did you buy everything at the store?

   A) No, me olvide los huevos y el pan.　**No, I forgot the eggs and bread.**
   B) Ella me dio el alcance en la tienda.　She met me at the store.
   C) Odio ir a la tienda por las filas tan largas.　I hate going to the store because of long lines.
   D) Hazme una nueva lista de compras.　Make me a new grocery list.

18) ¿Qué deberíamos sembrar en el jardín?　What should we plant in the garden?

   A) Lechiga es todo lo que realmente me gusta comer.　Lettuce is really all I like to eat.
   B) Estoy listo para comer la producción.　I'm ready to eat the produce.
   C) Odio trabajar en el jardín.　I hate working in the garden.
   D) Quisiera sembrar lechugas, zanahorias y tomates.　**I wanted to plant lettuce, carrots and tomatoes.**

Section Two - Listening Dialogues and Narratives

In this section, you will hear an announcement, dialogue or report. You will only hear the selection one time so you need to make sure that you are listening carefully.

After the selection is spoken, you will need to select the answer choice. In this section, the answer choice will be provided. You will have 12 minutes to complete this section. The time does not include when you are listening to the test.

In this section you may see a picture or a table. To enter your answer you will either need to select A-D or enter an answer, complete a table, put things in the correct order or click on a part of a picture.

In this section you can adjust the volume of the testing material. When you change the volume, it will change the volume on the next audio question. Unfortunately, you are unable to change the volume while the dialogue is being spoken.

Reporte especial: Temprano por la mañana un niño se ha perdido. Cerca de las tres de madrugada, Mariposa Riviera fue reportada como perdida al no encontrarse en su casa. La última vez que la vieron, vestía pijama de color rojo. Si la ve, llame a la policía de inmediato.

1) ¿En qué lugar fue vista por última vez la niña?

    A) En su casa.
    B) En su escuela.
    C) En su trabajo.
    D) En la casa de sus abuelos.

2) ¿Cuándo fue reportada pérdida la niña?

    A) Por la mañana.
    B) Por la noche.
    C) Por la tarde.
    D) Ayer.

Maria: Hoy no voy a llegar a casa hasta tarde por la noche.
Miguel: ¿A qué hora vas a llegar a casa?
Maria: No estoy seguro. Tengo que terminar mi proyecto.
Miguel: De acuerdo, voy a preparar la cena para los niños.
Maria: Gracias, eres grandioso.

3) Porque ella tiene que trabajar hasta tarde…

   A) Ella no puede regar las plantas.
   B) Su esposo preparará la cena.
   C) Su esposo la esperará.
   D) Ella no irá a la fiesta.

4) ¿A qué hora llegará ella a casa?

   A) A las nueve.
   B) Ella no sabe.
   C) Antes de la cena.
   D) Mañana por la mañana.

Señor: ¿A qué hora sale el tren para la ciudad de Méjico?
Señorita: Señor, el tren ya salió.
Señor: Cómo? Se supone que debería estar en ese tren.
Señorita: Lo siento señor, el próximo tren es mañana por la mañana.
Señor:¿Mañana por la mañana? Supongo que tendré que comprar otro boleto.
Señorita: Cuesta ciento veinticinco pesos.

5) ¿Qué le sucedió al pasajero?

    A) El quiere saber el costo del tren.
    B) El perdió el tren.
    C) El está esperando a alguien que viene en el tren.
    D) El desea primera clase.

6) ¿Cuántos boletos quiere?

    A) Ciento veinticinco.
    B) Dieciséis.
    C) Unos pocos.
    D) Uno.

7) ¿Cuándo es el próximo tren?

    A) En una hora.
    B) Mañana por la mañana.
    C) A las cinco de la tarde.
    D) Más tarde, por la tarde.

Señorita: ¿Cuántas personas son para el almuerzo señor?
Señor: Quisiéramos una mesa para seis personas, por favor.
Señorita: Lo siento señor, tienen que esperar. Nuestras mesas más grandes están ocupadas.
Señor: ¿Ocupadas? ¿De acuerdo, cuánto tiempo tenemos que esperar?
Señorita: Será aproximadamente media hora.
Señor: Eso es mucho tiempo. Iremos a otro lugar.

8) ¿Por qué ellos se van del restaurante?

    A) Estaba cerrado.
    B) La espera es muy larga.
    C) El menú cambió.
    D) Sólo aceptan efectivo.

9) ¿Cuántas personas van a almorzar?

    A) Cinco.
    B) Seis.
    C) Treinta.
    D) Diez.

Yo creo que Cancún es el mejor lugar para ir de vacaciones. Es grandioso para las familias y parejas. Hay restaurantes románticos para parejas. Algunos restaurantes se especializan en hacer sentir a los niños bien recibidos, en una atmosfera informal. La playa en Cancún es larga y bella. El agua es caliente y clara, con gran cantidad de peces. Usted se puede relajar bajo el sol o en la arena. También, las personas son muy amigables. Algunas veces venden helados en la playa. Las compras en Cancún son geniales. Hay tres centros comerciales. El mejor de ellos se llama La Isla. Tiene tantas tiendas que te lleva gran cantidad de tiempo recorrerlas todas. Hasta tiene un acuario.

10) En Cancún, la mayoría de las personas se relaja en

   A) La playa
   B) El centro comercial
   C) El acuario
   D) Restaurantes

11) ¿Cuántos centros comerciales hay en Cancún?

   A) Uno
   B) Dos
   C) Tres
   D) Cuatro

12) ¿Por qué La Isla es un lugar al que quisieras ir?

   A) Hay muchas cosas para hacer y ver.
   B) No es caro.
   C) Tiene las mejores tiendas.
   D) Está cerca de la playa.

Gina: No me siento bien.
Maria: ¿Qué te sucede?
Gina: Me duele el estómago.
Maria: ¿Será algo que comiste?
Gina: No, todo lo que comí hoy fue un sánduche y una manzana. Creo que tengo gripe.
Maria: Tal vez deberías ir a mi doctor, está al final de la cuadra.
Gina: No me siento tan mal.
Maria: Bueno, que pena que no te sientas bien, tal vez deberías irte a casa.
Gina: Creo que lo haré. Te veo más tarde.
Maria: Adiós.

13) ¿Qué tiene Gina?

   A) Le cayó mal algo que comió.
   B) Le duele el estómago.
   C) Ella está cansada y quiere irse a casa.
   D) Ella se irá a casa a descansar y regresará mas tarde.

14) ¿Qué está haciendo Gina ahora?

   A) Va al doctor.
   B) Va a la tienda.
   C) Va al trabajo.
   D) Va a casa.

Maria: ¿Quisieras ir al cine conmigo hoy por la noche?
Miguel: Tal vez. ¿Qué te gustaría ver?
Maria: No estoy seguro. ¿Sabes qué hay en cartelera?
Miguel: No, no tengo idea.
Maria: ¿Tienes la programación de las películas?
Miguel: No, pero puedo buscarlas en el computador.
Maria: De acuerdo, podemos ir si es que vemos algo que contenga un poco acción.
Miguel: ¿Cómo? ¿Estás cansado de las películas románticas? ¿Qué tal algo del oeste?
Maria: No, preferiría ver una película de acción.

15) ¿Qué tipo de película van a ir a ver?

   A) Una película romántica.
   B) Una película de acción.
   C) Una película de misterio.
   D) Una película del oeste.

16) ¿Cómo averiguarán el horario?

   A) Por teléfono.
   B) Le preguntarán a alguien.
   C) Buscarán en el computador.
   D) En el cine.

Antonio: Disculpe señor, estoy perdido. ¿Podría ayudarme a encontrar la dirección de la estación del tren?
Señor: Seguro, Avance hasta el final de la cuadra y voltee a la derecha en la iglesia. Está en esa misma calle. ¿A qué hora sale su tren?
Antonio: A las 9:30 a.m.
Señor: ¿A 9:30 a.m.?, es mejor que se de prisa, de lo contrario llegará tarde.
Antonio: ¿Tarde? ¿Qué hora es?
Señor: Son las 9:25 a.m. Sólo tiene cinco minutos.
Antonio: Oh Dios, de seguro voy a perderlo. Voy a tener que correr todo el camino.
Señor: No se preocupe, acá está mi auto, yo lo llevo.
Antonio: ¡Muchas gracias! ¡No puedo perder el tren, sólo hay uno hoy!
Señor: No hay problema. No me importa llevarlo, usted me recuerda a mi hijo.

17) ¿Cuál es el problema de Antonio?

   A) El no puede encontrar la estación de tren.
   B) El está hambriento y necesita que lo lleven.
   C) El no tiene suficiente dinero para el tren.
   D) El está apurado por llegar a la iglesia.

18) ¿Cómo llegará a tiempo?

   A) Corriendo.
   B) Lo llevarán.
   C) Perderá el tren.
   D) Caminando.

19) ¿Por qué el señor ayuda a Antonio?

   A) Porque es generoso.
   B) Porque es maestro.
   C) Porque Antonio le recuerda a su hijo.
   D) Porque él trabaja para la iglesia.

Señorita: Disculpe, ¿podría ayudarlo?
Señor: Si, Necesito comprar un regalo.
Señorita: ¿Es alguna ocasión especial?
Señor: Si, en dos días es nuestro aniversario.
Señorita: Wow, eso es emocionante. ¿Hace cuántos años están casados?
Señor: Hemos estado casado por seis años. Quisiera comprarle algo realmente especial.
Señorita: ¿Qué es lo que tiene en mente?
Señor: No estoy seguro. Algo lindo. A ella le gustan la flores y las joyas.
Señorita: ¿Qué le parece este collar? Es de oro y tiene la forma de una rosa.
Señor: ¡Perfecto!
Señorita: Se lo puedo envolver para regalo, si es que usted lo desea. Puede pasar a recogerlo a las cuatro.
Señor: Eso suena perfecto. Lo veré mas tarde.

20) ¿Para quién está comprando el regalo el señor?

   A) Su esposa.
   B) Su madre.
   C) Su hermana.
   D) Su novia.

21) ¿Porqué el vendedor le sugirió el collar?

   A) Por que a las mujeres les gustan las joyas.
   B) Por que es un regalo lindo.
   C) Por que es de oro y tiene la forma de una rosa.
   D) Por que puede ser envuelto en papel de regalo.

22) ¿Porqué está comprando un regalo?

   A) Por que sí.
   B) Ellos habían peleado.
   C) Es su cumpleaños.
   D) Es su aniversario.

Test Questions Answers & Translation

Reporte especial: Temprano por la mañana un niño se ha perdido. Cerca de las tres de madrugada, Mariposa Riviera fue reportada como perdida al no encontrarse en su casa. La última vez que la vieron, vestía pijama de color rojo. Si la ve, llame a la policía de inmediato.

Special Report: A child has gone missing in the early morning hours. About three a.m., Mariposa Riviera was reported missing from her home. She was last seen wearing red pajamas. If you see her, call police immediately.

1) ¿En qué lugar fue vista por última vez la niña?

   A) En su casa.
   B) En su escuela.
   C) En su trabajo.
   D) En la casa de sus abuelos.

Where was the child last seen?

   At her home.
   At her school.
   At her job.
   At her grandparent's.

2) ¿Cuándo fue reportada pérdida la niña?

   A) Por la mañana.
   B) Por la noche.
   C) Por la tarde.
   D) Ayer.

When was she reported missing?

   In the morning.
   At night.
   In the afternoon.
   Yesterday.

Maria: Hoy no voy a llegar a casa hasta tarde por la noche.
Miguel: ¿A qué hora vas a llegar a casa?
Maria: No estoy seguro. Tengo que terminar mi proyecto.
Miguel: De acuerdo, voy a preparar la cena para los niños.
Maria: Gracias, eres grandioso.

I won't be home until late tonight.
What time will you be home?
I'm not sure. I have to finish my project.
Okay, I'll make dinner for the kids.
Thanks, you're great.

3) Porque ella tiene que trabajar hasta tarde… Because she has to work late…

   A) Ella no puede regar las plantas. She can't water the plants.
   B) Su esposo preparará la cena. **Her husband will make dinner.**
   C) Su esposo la esperará. Her husband will wait up.
   D) Ella no irá a la fiesta. She won't be going to the party.

4) ¿A qué hora llegará ella a casa? What time will she be home?

   A) A las nueve. At nine.
   B) Ella no sabe. **She doesn't know.**
   C) Antes de la cena. Before dinner.
   D) Mañana por la mañana. Tomorrow morning.

Señor: ¿A qué hora sale el tren para la ciudad de Méjico?
Señorita: Señor, el tren ya salió.
Señor: Cómo? Se supone que debería estar en ese tren.
Señorita: Lo siento señor, el próximo tren es mañana por la mañana.
Señor:¿Mañana por la mañana? Supongo que tendré que comprar otro boleto.
Señorita: Cuesta ciento veinticinco pesos.

What time does the train leave to Mexico City?
Sir, it already left.
What? I was supposed to be on that train.
Sorry sir, the next train is tomorrow morning.
Tomorrow morning? I guess I'll buy one ticket.
The cost is twenty-five-hundred pesos.

5) ¿Qué le sucedió al pasajero?

   A) El quiere saber el costo del tren.
   B) El perdió el tren.
   C) El está esperando a alguien que viene en el tren.
   D) El desea primera clase.

What happened to the passenger?

He wants to know the price of the train.
He missed the train.
He's waiting for someone on the train.
He wants first class.

6) ¿Cuántos boletos quiere?

   A) Ciento veinticinco.
   B) Dieciséis.
   C) Unos pocos.
   D) Uno.

How many tickets does he want?

Twenty-five-hundred.
Sixteen.
A few.
One.

7) ¿Cuándo es el próximo tren?

   A) En una hora.
   B) Mañana por la mañana.
   C) A las cinco de la tarde
   D) Más tarde, por la tarde.

When is the next train?

In an hour.
Tomorrow morning.
At five p.m.
Later this afternoon.

Señorita: ¿Cuántas personas son para el almuerzo señor?
Señor: Quisiéramos una mesa para seis personas, por favor.
Señorita: Lo siento señor, tienen que esperar. Nuestras mesas más grandes están ocupadas.
Señor: ¿Ocupadas?. ¿De acuerdo, cuánto tiempo tenemos que esperar?
Señorita: Será aproximadamente media hora.
Señor: Eso es mucho tiempo. Iremos a otro lugar.

How many for lunch sir?
We'd like a table for six please.
I'm sorry sir, you'll have to wait. All our large tables are full.
Full? Okay, how long is the wait?
It will be about thirty minutes.
That's too long. We'll go somewhere else.

8) ¿Por qué ellos se van del restaurante?

A) Estaba cerrado.
B) La espera es muy larga.
C) El menú cambió.
D) Sólo aceptan efectivo.

Why are they leaving the restaurant?

They are closed.
The wait is too long.
The menu has changed.
They only take cash.

9) ¿Cuántas personas van a almorzar?

A) Cinco.
B) Seis.
C) Treinta.
D) Diez.

How many people are eating lunch?

Five.
Six.
Thirty.
Ten.

Yo creo que Cancún es el mejor lugar para ir de vacaciones. Es grandioso para las familias y parejas. Hay restaurantes románticos para parejas. Algunos restaurantes se especializan en hacer sentir a los niños bien recibidos, en una atmosfera informal. La playa en Cancún es larga y bella. El agua es caliente y clara, con gran cantidad de peces. Usted se puede relajar bajo el sol o en la arena. También, las personas son muy amigables. Algunas veces venden helados en la playa. Las compras en Cancún son geniales. Hay tres centros comerciales. El mejor de ellos se llama La Isla. Tiene tantas tiendas que te lleva gran cantidad de tiempo recorrerlas todas. Hasta tiene un acuario.	I think that Cancun is the best vacation. It is great for families and couples. There are romantic restaurants for couples. Some restaurants specialize in making kids feel welcome in a casual atmosphere. The beach in Cancun is large and beautiful. The water is warm and clear with lots of fish. You can just relax in the sun on the sand. Also, the people are very friendly. Sometimes they sell ice cream at the beach. The shopping in Cancun is great. They have three malls there. The best is called La Isla. They have so many stores that it takes you a long time to look at all the stores. It even has an aquarium.

10) En Cancún, la mayoría de las personas se relaja en

In Cancun, most people relax at the

A) La playa   **Beach**
B) El centro comercial   Mall
C) El acuario   Aquarium
D) Restaurantes   Restaurant

11) ¿Cuántos centros comerciales hay en Cancún?

How many malls are there in Cancun?

A) Uno   One
B) Dos   Two
C) Tres   **Three**
D) Cuatro   Four

12) ¿Por qué La Isla es un lugar al que quisieras ir?

Why is La Isla somewhere you want to go?

A) Hay muchas cosas para hacer y ver.   **There are is a lot to do and see.**
B) No es caro.   It's inexpensive.
C) Tiene las mejores tiendas.   It has the best stores.
D) Está cerca de la playa.   It is near the beach.

Gina: No me siento bien.	I don't feel good.
Maria: ¿Qué te sucede?	What's wrong?
Gina: Me duele el estómago.	My stomach is upset.
Maria: ¿Será algo que comiste?	Was it something you ate?
Gina: No, todo lo que comí hoy fue un sánduche y una manzana. Creo que tengo gripe.	No, all I had today was a sandwich and an apple. I think I've got the flu.
Maria: Tal vez deberías ir a mi doctor, está al final de la cuadra.	Maybe you should go see my doctor, he's just down the block.
Gina: No me siento tan mal.	I don't feel that bad.
Maria: Bueno, que pena que no te sientas bien, tal vez deberías irte a casa.	Well, I'm sorry you don't feel well, maybe you should go home.
Gina: Creo que lo haré. Te veo más tarde.	I think I will. See you later.
Maria: Adiós.	Bye.

13) ¿Qué tiene Gina? What was wrong with Gina?

   A) Le cayó mal algo que comió. Something she ate made her sick.
   B) Le duele el estómago. Her stomach hurts.
   C) Ella está cansada y quiere irse a casa. She's tired and wants to go home.
   D) Ella se irá a casa a descansar y regresará mas tarde. She'll go home and rest and come back later.

14) ¿Qué está haciendo Gina ahora? What is Gina doing now?

   A) Va al doctor. Going to the doctor.
   B) Va a la tienda. Going to the store.
   C) Va al trabajo. Going to work.
   D) Va a casa. Going home.

Maria: ¿Quisieras ir al cine conmigo hoy por la noche?
Miguel: Tal vez. ¿Qué te gustaría ver?
Maria: No estoy seguro. ¿Sabes qué hay en cartelera?
Miguel: No, no tengo idea.
Maria: ¿Tienes la programación de las películas?
Miguel: No, pero puedo buscarlas en el computador.
Maria: De acuerdo, podemos ir si es que vemos algo que contenga un poco acción.
Miguel: ¿Cómo? ¿Estás cansado de las películas románticas? ¿Qué tal algo del oeste?
Maria: No, preferiría ver una película de acción.

Do you want to go to the cinema with me tonight?
Maybe, what did you want to see?
I'm not sure. Do you know what's out?
No, I don't have a clue.
Do you have a schedule for their showings?
No, but we can look it up on the computer.
Okay, we'll I'll go as long as we see something with a little action.
What? You're tired of romance movies? What about a western?
No, I'd rather see an action movie.

15) ¿Qué tipo de película van a ir a ver?

   A) Una película romántica.
   B) Una película de acción.
   C) Una película de misterio.
   D) Una película del oeste.

What type of movie are they going to go see?

A romance movie.
An action movie.
A mystery movie.
A western.

16) ¿Cómo averiguarán el horario?

   A) Por teléfono.
   B) Le preguntarán a alguien.
   C) Buscarán en el computador.
   D) En el cine.

How will they find out the time?

Call on the phone.
Ask someone else.
Look it up on the computer.
Go to the theater.

Antonio: Disculpe señor, estoy perdido. ¿Podría ayudarme a encontrar la dirección de la estación del tren?
Señor: Seguro, Avance hasta el final de la cuadra y voltee a la derecha en la iglesia. Está en esa misma calle. ¿A qué hora sale su tren?
Antonio: A las 9:30 a.m.
Señor: ¿A 9:30 a.m.?, es mejor que se de prisa, de lo contrario llegará tarde.
Antonio: ¿Tarde? ¿Qué hora es?
Señor: Son las 9:25 a.m. Sólo tiene cinco minutos.
Antonio: Oh Dios, de seguro voy a perderlo. Voy a tener que correr todo el camino.
Señor: No se preocupe, acá está mi auto, yo lo llevo.
Antonio: ¡Muchas gracias! ¡No puedo perder el tren, sólo hay uno hoy!
Señor: No hay problema. No me importa llevarlo, usted me recuerda a mi hijo.

Excuse me sir, I'm lost. Can you help me find the way to the train station?
Sure, you head down the block and turn right at the church. It's on that street. What time is your train?
At 9:30 a.m.
At 9:30 a.m.? You better hurry you're going to be late.
Late? What time is it?
It's 9:25 a.m. You only have five minutes.
Oh my gosh, I'm going to miss it for sure. I'll have to run the whole way.
Don't worry, this is my car here, I'll give you a ride.
Thanks so much! I can't miss the train, there's only one today!
No problem. I don't mind giving you a ride, you remind me of my son.

17) ¿Cuál es el problema de Antonio?

A) El no puede encontrar la estación de tren.
B) El está hambriento y necesita que lo lleven.
C) El no tiene suficiente dinero para el tren.
D) El está apurado por llegar a la iglesia.

What is the Antonio's problem?

He can't find the train station.
He's hungry and needs a ride.
He doesn't have enough money for the train.
He's in a hurry to get to church.

18) ¿Cómo llegará a tiempo?

A) Corriendo.
B) Lo llevarán.
C) Perderá el tren.
D) Caminando.

How will he get there on time?

He will run.
He will get a ride.
He will miss the train.
He will walk.

19) ¿Por qué el señor ayuda a Antonio?

A) Porque es generoso.
B) Porque es maestro.
C) Porque Antonio le recuerda a su hijo.
D) Porque él trabaja para la iglesia.

Why does the man help Antonio?

Because he is generous.
Because he is a teacher.
Because Antonio reminds him of his son.
Because he works for the church.

Señorita: Disculpe, ¿podría ayudarlo?
Señor: Si, Necesito comprar un regalo.
Señorita: ¿Es alguna ocasión especial?
Señor: Si, en dos días es nuestro aniversario.
Señorita: Wow, eso es emocionante. ¿Hace cuántos años están casados?
Señor: Hemos estado casado por seis años. Quisiera comprarle algo realmente especial.
Señorita: ¿Qué es lo que tiene en mente?
Señor: No estoy seguro. Algo lindo. A ella le gustan la flores y las joyas.
Señorita: ¿Qué le parece este collar? Es de oro y tiene la forma de una rosa.
Señor: ¡Perfecto!
Señorita: Se lo puedo envolver para regalo, si es que usted lo desea. Puede pasar a recogerlo a las cuatro.
Señor: Eso suena perfecto. Lo veré mas tarde.

Excuse me, can I help you?
Yes, I need to get a gift.
Is it a special occasion?
Yes, it's our anniversary in two days.
Wow, that's exciting. How many years have you been married?
We've been married six years. I want to get her something really special.
What did you have in mind?
I'm not sure. Something nice. She likes flowers and jewelry.
What about this necklace here? It is gold and it's in the shape of a rose.
Perfect!
I can have it gift-wrapped if you would like. You can pick it up at four.
That sounds fine. I'll see you then.

20) ¿Para quién está comprando el regalo el señor?

A) Su esposa.
B) Su madre.
C) Su hermana.
D) Su novia.

Who is the man buying a gift for?

His wife.
His mother.
His sister.
His girlfriend.

21) ¿Porqué el vendedor le sugirió el collar?

A) Por que a las mujeres les gustan las joyas.
B) Por que es un regalo lindo.
C) Por que es de oro y tiene la forma de una rosa.
D) Por que puede ser envuelto en papel de regalo.

Why does the clerk suggest the necklace?

Because women like jewelry.
Because it's a nice gift.
Because it is a rose and gold.
Because it can be gift wrapped.

22) ¿Porqué está comprando un regalo?

A) Por que sí.
B) Ellos habían peleado.
C) Es su cumpleaños.
D) Es su aniversario.

Why is he buying a gift?

Just because.
They were in a fight.
It's her birthday.
It's their anniversary.

Section Three - Reading Part A

In this section, complete the phrase or sentence with the correct word/answer choice.

1) El realizó su tarea en su -------.

   A) Escuela
   B) Trabajo
   C) Casa
   D) Estación de Policía

2) Yo debería dejar mi carta en el ------- antes de ir al trabajo.

   A) Correo
   B) Biblioteca
   C) Estación de Policía
   D) Tienda

3) ¿Qué te gustaría hacer esta noche? No siento ganas de ------- nada.

   A) Hice
   B) Hacer
   C) Hizo
   D) No hizo

4) Estoy cansado. Voy a descansar a mi -------.

   A) Cuarto
   B) Piso
   C) Armario
   D) Mesa

5) Mi maestro dijo que todos debíamos hacer más tareas por que ------- no obtuvieron un puntaje alto en el examen.

   A) Esos estudiantes
   B) El estudiantes
   C) Algunos estudiantes
   D) Mis estudiantes

6) No puedo esperar para ------- vacaciones.

   A) Ir
   B) Fuimos
   C) Vamos
   D) Fuiste

7) Vamos a nadar -------.

   A) Ayer
   B) Anoche
   C) La semana pasada
   D) Anoche

8) Es momento de irnos ------- todavía no estás lista.

   A) O
   B) Pero
   C) Ahora
   D) Más tarde

9) Quisiera helado.¿Qué ------- te gustaría?

   A) Gusto
   B) Olor
   C) Sabor
   D) Como

10) ¿------- es que puedes ir mañana? ¿Pensé que tenías que trabajar?

    A) Cómo
    B) Vas
    C) Tienes
    D) Qué

11) Yo compré leche, pan y mayonesa en la -------.

    A) Trabajo
    B) Tienda
    C) Biblioteca
    D) Banco

12) Ella se siente tan feliz que ------- todo el tiempo.

   A) Frunce
   B) Asustada
   C) Sonríe
   D) Llora

13) Los libros están ------- de la biblioteca.

   A) Afuera
   B) Adentro
   C) Allí
   D) Al costado

14) Pásame tu ------- y te traeré más agua.

   A) Plato
   B) Tenedor
   C) Cuchillo
   D) Vaso

Test Questions Answers & Translation

1) El realizó su tarea en su -------.   He turned in his homework at -------.

   A) Escuela   **School**
   B) Trabajo   Work
   C) Casa   Home
   D) Estación de Policía   Police Station

2) Yo debería dejar mi carta en el ------- antes de ir al trabajo.   I'm supposed to mail my letter at the ------- before I go to work.

   A) Correo   **Post Office**
   B) Biblioteca   Library
   C) Estación de Policía   Police Station
   D) Tienda   Store

3) ¿Qué te gustaría hacer esta noche? No siento ganas de ------ nada.   What do you want to do tonight? I don't feel like ------ anything.

   A) Hice   Did
   B) Hacer   **Doing**
   C) Hizo   Done
   D) No hizo   Didn't

4) Estoy cansado. Voy a descansar a mi ------.   I'm tired. I'm going to go lay down in my ------.

   A) Cuarto   **Room**
   B) Piso   Floor
   C) Armario   Closet
   D) Mesa   Table

5) Mi maestro dijo que todos debíamos hacer más tareas por que ------ no obtuvieron un puntaje alto en el examen.   My teacher said we all have to do more homework because ------ didn't get a high score on the test.

   A) Esos estudiantes   Those students
   B) El estudiantes   He students
   C) Algunos estudiantes   **Some students**
   D) Mis estudiantes   My students

6) No puedo esperar para ------ vacaciones.   I can't wait to ------ on vacation.

   A) Ir   **Go**
   B) Fuimos   Went
   C) Vamos   Going
   D) Fuiste   Gone

7) Vamos a nadar ------.   Let's go swimming ------.

   A) Ayer   Yesterday
   B) Anoche   Last night
   C) La semana pasada   Last week
   D) Esta noche   **Tonight**

8) Es momento de irnos ------ todavía no estás lista.   It's time to go ------ you are still not ready.

   A) O   Or
   B) Pero   **But**
   C) Ahora   Now
   D) Más tarde   Later

9) Quisiera helado. ¿Qué ------ te gustaría?   I want some ice cream. What ------ do you want?

   A) Gusto   Taste
   B) Olor   Smell
   C) Sabor   **Kind**
   D) Como   How

10) ¿------ es que puedes ir mañana? ¿Pensé que tenías que trabajar?   ------ can you go tomorrow? I thought you had to work?

    A) Cómo   **How**
    B) Vas   Will
    C) Tienes   Have
    D) Qué   What

11) Yo compré leche, pan y mayonesa en la ------.   I bought milk, bread and mayonnaise at the ------.

    A) Trabajo   Work
    B) Tienda   **Store**
    C) Biblioteca   Library
    D) Banco   Bank

12) Ella se siente tan feliz que ------ todo el tiempo.

    A) Frunce
    B) Asustada
    C) Sonríe
    D) Llora

She feels so happy she ------ all the time.

Frowns
Scared
Smiles
Cries

13) Los libros están ------ de la biblioteca.

    A) Afuera
    B) Adentro
    C) Allí
    D) Al costado

The books are ------ of the library.

Outside
Inside
Over there
Next door

14) Pásame tu ------ y te traeré más agua.

    A) Plato
    B) Tenedor
    C) Cuchillo
    D) Vaso

Hand me your ------ and I'll get your some more water.

Plate
Fork
Knife
Cup

Section Three - Reading Part B

In this section, read the main paragraph. Each area that has a blank and a number is a different question. Complete the paragraph with the correct answer choice.

En 1492, Cristóbal Colón __1__, España, para establecer una nueva ruta marítima hacía el lejano Este. El deseaba encontrar la India en donde encontraría muchas riquezas y también podría propagar el cristianismo. El partió con __2__ naves, la Niña, la Pinta y la Santa María. En lugar de arribar a la India, el llegó a las Bahamas donde él ___3___ a las personas que encontró allí indios, por que creí que había encontrado islas en la parte este de la india.

1)
    A) dejó
    B) fue a
    C) regresó a
    D) encontró

2)
    A) uno
    B) dos
    C) tres
    D) cuatro

3)
    A) nombrará
    B) antes
    C) olvidó
    D) nombró

Mi cumpleaños este año --------4------ increíble. ¡Mi esposo me sorprendió con un viaje a Paris y Londres! No creo que alguien podría obtener un mejor -----5------ que ese. Volamos a Paris y fuimos a ver la Torre Eiffel. Habían muchas personas allí, pero nosotros no tuvimos que esperar mucho tiempo. Subimos a la parte alta y podíamos ver la ciudad y millas alrededor. El sol se ocultó, así que hacía viento y ---6----. Fue tan bello y romántico. Unos días después, tomamos un tren a Londres dónde ---7---- fuimos al teatro. La obra empezó por la tarde, cuando terminó, fuimos a cenar a Simpsons-on-the-Strand. Es un restaurante increíble y muy de moda. Nos sirvieron carne asada, papas y ----8----. Estaba tan satisfecha que compartimos el postre. Fue tan romántico y maravilloso. Fue el mejor regalo de cumpleaños que recibí jamás.

4)
- A) estuvo
- B) será
- C) puede ser
- D) quiero que sea

5)
- A) deuda
- B) regalo
- C) dio
- D) préstamo

6)
- A) traer
- B) oloroso
- C) relajante
- D) frío

7)
- A) nosotros
- B) ellos
- C) ella
- D) el

8)
- A) plátanos
- B) pan
- C) barro
- D) lápices

Había una vez una niña ----9----- Ricitos de Oro quién vivía en el bosque. Un día ella decidió que no quería hacer sus -----10---- y salió a dar un paseo por el bosque. Ella llegó a una pequeña casita. ---11---- ella tocó la puerta nadie le abrió. Así siendo ella una niña curiosa, ella entró. Ella dijo, "¿Hola?" pero nadie le contestó. Ella decidió que tenía hambre y fue hacia la cocina. Sobre la ---12--- ella vio tres platos de sopa. Ella probó de uno, pero estaba muy caliente. Ella probó del ---13--- plato, pero estaba muy frío. Luego, ella probó del ---14--- plato y estaba perfecto. Luego de haberse tomado la sopa, ella decidió que estaba lista para una siesta. Ella subió y encontró tres camas. La primera cama estaba muy dura, la segunda cama muy suave, pero la tercera estaba perfecta. Ella se echó en la cama y se quedó ---15----.

9)
- A) nombre
- B) se llamará
- C) normal
- D) llamada

10)
- A) sonrisa
- B) lápices
- C) tareas
- D) dormir

11)
- A) porque
- B) cuando
- C) quien
- D) que

12)
- A) mesa
- B) piso
- C) techo
- D) silla

13)
- A) primero
- B) segundo
- C) tercero
- D) cuarto

14)
- A) segundo
- B) último
- C) primero
- D) uno

15)
- A) siesta
- B) dormida
- C) dormir
- D) despierta

Mi madre me llevaba al ---16--- cuando yo era pequeña. Nosotras pasábamos todo el día ----17---- a los animales. Si me portaba bien, ella me dejaba subir ---18--- el tren. Mis animales favoritos eran los osos polares. Observar los monos era muy divertido, pero sus jaulas ---19---- mal. También me gustaba observar a los tigres, pero ---20--- solo dormían todo el día. Mi madre llevaba el almuerzo para nosotros y lo comíamos en las mesas dispuestas en la zona de picnic, cerca de las aves. Yo cortaba pequeños pedazos de pan de mi sándwich con ellos alimentaba a las aves.

16)
- A) zoológico
- B) playa
- C) oficina postal
- D) escuela

17)
- A) vi
- B) observando
- C) observaré
- D) observé

18)
- A) afuera
- B) en
- C) al
- D) encima

19)
- A) olían
- B) sonaban
- C) pensé
- D) quería

20)
- A) eso
- B) ella
- C) nosotros
- D) ellos

 **Test Questions Answers & Translation**

En 1492, Cristóbal Colón __1__, España, para establecer una nueva ruta marítima hacía el lejano Este. El deseaba encontrar la India en donde encontraría muchas riquezas y también podría propagar el cristianismo. El partió con __2__ naves, la Niña, la Pinta y la Santa María. En lugar de arribar a la India, el llegó a las Bahamas donde él ___3___ a las personas que encontró allí indios, por que creí que había encontrado islas en la parte este de la india.

In 1492, Christopher Columbus __1__ from Spain, to establish a sea-route to the Far East. He hoped to find India where there were many riches to be had and also to spread Christianity. He sailed with __2__ ships, the Nina, the Pinta and the Santa Maria. Instead of landing in India, he landed in the Bahamas where he ___3___ the people he found there los indios because he believed he had found an outlying island in the East Indies.

1)
- **A) dejó** — **left**
- B) fue a — went to
- C) regresó a — returned to
- D) encontró — found

2)
- A) uno — one
- B) dos — two
- **C) tres** — **three**
- D) cuatro — four

3)
- A) nombrará — will name
- B) antes — before
- C) olvidó — forgot
- **D) nombró** — **named**

Mi cumpleaños este año --------4------ increíble. ¡Mi esposo me sorprendió con un viaje a Paris y Londres! No creo que alguien podría obtener un mejor -----5------ que ese. Volamos a Paris y fuimos a ver la Torre Eiffel. Habían muchas personas allí, pero nosotros no tuvimos que esperar mucho tiempo. Subimos a la parte alta y podíamos ver la ciudad y millas alrededor. El sol se ocultó, así que hacía viento y ---6----. Fue tan bello y romántico. Unos días después, tomamos un tren a Londres dónde ---7---- fuimos al teatro. La obra empezó por la tarde, cuando terminó, fuimos a cenar a Simpsons-on-the-Strand. Es un restaurante increíble y muy de moda. Nos sirvieron carne asada, papas y ----8----. Estaba tan satisfecha que compartimos el postre. Fue tan romántico y maravilloso. Fue el mejor regalo de cumpleaños que recibí jamás.

My birthday this year --------4------ incredible. My husband surprised me with a trip to Paris and London! I don't think that you could get a better -----5------ than that. We flew to Paris and went to see the Eiffle Tower. There were a lot of people there, but we didn't have to wait very long. We went to the top and you could see the city for miles around. The sun went down, so it was windy and ---6----. It was so beautiful and romantic. A few days later, we took the train to London where ---7---- went to the theater. The play was in the afternoon, so after it was over, we went to dinner at Simpsons-on-the-Strand. It is an incredible restaurant and very fancy. They served us roast beef, potatoes and ----8----. I was full so we shared dessert. It was so romantic and wonderful. It was the best birthday present ever.

4) **A) estuvo**   **was**
    B) será   will be
    C) puede ser   can be
    D) quiero que sea   want to be

5) A) deuda   debt
    B) regalo   **gift**
    C) dio   gave
    D) préstamo   loan

6) A) traer   bright
    B) oloroso   smelly
    C) relajante   relaxing
    D) frío   **cold**

7) **A) nosotros**   **we**
    B) ellos   they
    C) ella   she
    D) el   he

8) A) plátanos   bananas
    B) pan   **bread**
    C) barro   mud
    D) lápices   pencils

Había una vez una niña ----9----- Ricitos de Oro quién vivía en el bosque. Un día ella decidió que no quería hacer sus -----10---- y salió a dar un paseo por el bosque. Ella llegó a una pequeña casita. ---11---- ella tocó la puerta nadie le abrió. Así siendo ella una niña curiosa, ella entró. Ella dijo, "¿Hola?" pero nadie le contestó. Ella decidió que tenía hambre y fue hacia la cocina. Sobre la ---12--- ella vio tres platos de sopa. Ella probó de uno, pero estaba muy caliente. Ella probó del ---13--- plato, pero estaba muy frío. Luego, ella probó del ---14--- plato y estaba perfecto. Luego de haberse tomado la sopa, ella decidió que estaba lista para una siesta. Ella subió y encontró tres camas. La primera cama estaba muy dura, la segunda cama muy suave, pero la tercera estaba perfecta. Ella se echó en la cama y se quedó ---15----.

There was a girl ----9----- Goldilocks who lived in the forest. One day, she decided that she didn't want to do her -----10---- and went for a walk in the forest instead. She came upon a little house. ---11---- she knocked on the door, no one answered. So, being a curious girl, she went inside. She called, "hello?" but no one answered. She decided she was hungry and went into the kitchen. On the ---12--- she saw three bowls of porridge. She tried one bowl, but it was too hot. She tried the ---13--- bowl, but it was too cold. Then she tried the ---14--- bowl and it was just right. After she had eaten the porridge, she decided that she was ready for a nap. She went upstairs and found three beds. The first bed was too hard, the second bed was too soft, but the third best was just right. She laid down her head and went to ---15----.

9)
- A) nombre — naming
- B) se llamará — will name
- C) normal — normal
- **D) llamada — named**

10)
- A) sonrisa — smiling
- B) lápices — pencil
- **C) tareas — chores**
- D) dormir — sleeping

11)
- A) porque — why
- **B) cuando — when**
- C) quien — who
- D) que — what

12)
- **A) mesa — table**
- B) piso — floor
- C) techo — ceiling
- D) silla — chair

13)
- A) primero — first
- **B) segundo** — **second**
- C) tercero — third
- D) cuarto — fourth

14)
- A) segundo — second
- **B) último** — **last**
- C) primero — first
- D) uno — one

15)
- A) siesta — nap
- **B) dormida** — **sleep**
- C) dormir — sleeping
- D) despierta — sleepless

Mi madre me llevaba al ---16--- cuando yo era pequeña. Nosotras pasábamos todo el día ----17---- a los animales. Si me portaba bien, ella me dejaba subir ---18--- el tren. Mis animales favoritos eran los osos polares. Observar los monos era muy divertido, pero sus jaulas ---19---- mal. También me gustaba observar a los tigres, pero ---20--- solo dormían todo el día. Mi madre llevaba el almuerzo para nosotros y lo comíamos en las mesas dispuestas en la zona de picnic, cerca de las aves. Yo cortaba pequeños pedazos de pan de mi sándwich con ellos alimentaba a las aves.

My mother used to take me to the ---16--- when I was a little girl. We would spend all day ----17---- at the animals. If I was good, she would let me ride ---18--- the train. My favorite animals there were the polar bears. The monkeys were fun to watch but their cages ---19---- bad. I also liked to look at the tigers, but ---20--- would just sleep all day long. My mother would bring lunch for us and we would eat it at the picnic tables by the birds. I would get little bits of bread from my sandwich and feed them to the birds.

16)
- **A) zoológico** — **zoo**
- B) playa — beach
- C) oficina postal — post office
- D) escuela — school

17)
- A) vi — looked
- **B) observando** — **looking**
- C) observaré — will look
- D) observé — saw

18)
- A) afuera — out
- **B) en** — **on**
- C) al — at
- D) encima — over

19)
- **A) olían** — **smelled**
- B) sonaban — heard
- C) pensé — thought
- D) quería — wanted

20)
- A) eso — it
- B) ella — she
- C) nosotros — us
- **D) ellos** — **they**

Section Three - Reading Part C

In this section you will read a short paragraph and the answer questions about it.

El 3 de enero de 2009, el ultimo trabajo de Rodrigo Gómez será presentado en la librería Barnes and Noble en el Centro Comercial Ventura Mall. El título del libro es "Porqué mi Madre me Ama" y si bien es ficción, parte de él está inspirado en las experiencias reales de vida de Rodrigo. El dará un discurso corto y responderá preguntas a las 4:30 pm. Luego de esto, el estará disponible para firmar sus libros, en el evento desde las 5 pm a las 7 pm. El precio regular del libro es de $24.99, pero hay una oferta especial para aquellos que ordenen los libros con anticipación. Si se compran antes del evento, el costo será de sólo $19.99. Esperamos verlos allí!

1) Cuál es la profesión de Rodrigo?

   A) Actor
   B) Escritor
   C) Cantante
   D) Bailarín

2) En qué firmará autógrafos Rodrigo?

   A) Libretas de notas
   B) Fotografías
   C) Volantes especiales
   D) Libros adquiridos en el evento

3) Para obtener el descuento en el precio del libro, usted debe

   A) Traer el volante
   B) Comprar el libro en el evento
   C) Comprar el libro antes del evento
   D) Traer un libro de casa

La semana que pasó, leí el libro "El observador". El libro fue escrito por Julio Tavarez. El libro tiene 479 páginas y trata sobre una mujer cuyo hijo desaparece. No se sabe si es que escapó o si es que fue secuestrado, se sospecha lo peor. Ella empieza a recibir misteriosas llamadas telefónicas y notas en su correo electrónico. Ella va a la policía, pero ellos no pueden resolver el caso. Ella contrata a un detective privado; Miguel, para que la ayude a llegar al fondo del misterio. Pero, está Miguel realmente de su lado? No pude dejar el libro. No les contaré lo que pasa, tienen que leer el libro para que lo sepan.

4) ¿En el libro, quién en la familia de la mujer desaparece?

   A) Su hijo
   B) Su esposo
   C) Su hija
   D) Su vecino

5) ¿Porqué ella contrató un detective privado?

   A) La policía está muy ocupada.
   B) La policía no puede resolver el misterio.
   C) No hay policía.
   D) Ella es una fugitiva.

6) ¿Qué la asustó?

   A) Su gato estaba perdido.
   B) Recibir notas en su correo electrónico.
   C) Escuchar ruidos.
   D) Que la sigan.

7) ¿Qué sospecha ella respecto de su hijo?

   A) Que él escapó.
   B) Que él está de vacaciones.
   C) Que el se fue a la escuela.
   D) Que alguien se lo llevó.

¡Esta semana, seminario sobre la administración del dinero! Aprenda cómo manejar efectivamente su dinero. Usted también puede estar libre de deudas y tener la vida que desea. Se realizará el 5 de marzo en la escuela San Pablo en la Ciudad de Méjico a las 8 a.m. Al finalizar el seminario, usted tendrá un plan completo para pagar sus deudas ahorrar para su futuro. Es gratuito. Traiga consigo un lápiz, su almuerzo y un amigo. Este seminario es para cualquiera que quisiera participar y labrar un futuro mejor para ellos y sus familias.

8) ¿Quién debería participar?

   A) Cualquiera que quisiera mejorar sus finanzas.
   B) Estudiantes de la universidad.
   C) Miembros de esa iglesia.
   D) Vecinos.

9) ¿Qué deberías traer?

   A) No necesitas traer nada.
   B) El pago por el curso.
   C) Un lápiz, el almuerzo y un amigo.
   D) Sus estados financieros y sus recibos.

10) ¿Cuál es la razón del seminario?

   A) Enseñar mejores hábitos financieros.
   B) Pasar un buen momento.
   C) Aprender sobre una nueva iglesia.
   D) Hacer amigos.

Eduardo,

Estoy tratando de encontrar el mejor hotel para quedarme en Hawaii. No estoy seguro que parte de la isla es la mejor. Mi hija usa una silla de ruedas y necesita ciertas comodidades especiales, así que el hotel que elijamos deberá poder asistirnos con estas necesidades especiales. Queremos ir a la playa y quedarnos en una habitación para no fumadores, con una cama tamaño king y con vista al océano. Nuestro plan es quedarnos por siete noches durante el mes de abril. Nosotros estamos disponibles en cualquier semana, nos gustaría que nos informaras cuál sería la mejor, así podríamos elegir esa. También cuál aerolínea nos recomendarías. Por favor avísame, de tal manera que yo pueda hacer las reservas la próxima semana.

Gracias,

Maria.

11) Cuál es la razón de este correo electrónico?

A) Ayudar a planear unas vacaciones.
B) Invitar a un amigo a visitarlo.
C) Escribir un artículo sobre Hawaii.
D) Enviar una propuesta de negocios.

12) ¿Cuánto tiempo planean quedarse?

A) Un mes
B) Dos semanas
C) Una semana
D) Dos noches

13) ¿Porqué ellos necesitan un cuarto especial?

A) Ellos necesitan relajarse.
B) Ellos son alérgicos al humo.
C) Ellos son muy especiales para elegir el lugar para hospedarse.
D) Su hija tiene necesidades especiales.

Muchas personas deben comer 2000 calorías por día, sobre la base de las actividades que realicen durante sus actividades diarias. El sentirse lleno después de cada comida, es importante para la pérdida de peso. Algunas personas pierden un poco de peso, pero pareciera que se quedan estancadas y ya no pueden seguir adelgazando. Esto puede ser frustrante. Es importante comer adecuadamente. Una alimentación basada en frutas y verduras es muy importantes, cuando uno está tratando de perder peso. Muchas personas no consumen lo suficiente de este tipo de alimentos. Además, beber suficiente agua para mantener el cuerpo saludable es también un problema. Si se bebe un vaso de agua antes de comer, esto ayudará a sentirse lleno con menos cantidad de comida. Comer 3500 calorías, es el equivalente a una libra del peso del cuerpo. Si piensas en estos números, es más fácil mantenerte saludable.

14) ¿Cuántas calorías debería comer una persona?

   A) 2000
   B) 3500
   C) Dependerá de su nivel de actividad.
   D) Dependerá si eres hombre o mujer.

15) Cuando estas tratando de perder peso, ¿Qué tipo de comida deberías consumir?

   A) Zanahorias
   B) Carnes
   C) Leche
   D) Caramelos

16) ¿Qué líquido es mejor para tomar antes de una comida?

   A) Leche
   B) Agua
   C) Soda
   D) Cerveza

17) ¿Cuál es la idea central de este artículo?

   A) Comer saludable
   B) Ejercitarse
   C) Vivir por mas tiempo
   D) Sentirse mejor

Mamá,

Pedro tiene nuevamente varicela. Llamé al doctor y el me dijo que es muy raro, pero algunas veces sucede. Tengo que faltar al trabajo toda la semana para poder cuidar de él. El está muy cansado y le pica todo el cuerpo. El doctor me recomendó bañarlo varias veces por día para que se sienta mejor. Me gustaría mucho que pudieras venir. Tal vez podría tomarme un día libre. El doctor mencionó que al término de una semana él podrá regresar a la escuela. Quisiera que tengas en cuenta eso, por si quieres cancelar tu viaje. A nosotros nos gustaría mucho verte, pero entenderíamos si es que no pudieras venir. Por favor avísame.

Te quiere,

María

18) ¿Cuál es la razón de la carta?

    A) Quejarse
    B) Obtener dinero para pagar las cuentas del doctor
    C) Decirle a su mamá que su hijo está enfermo
    D) Obtener consejo

19) ¿Cuántas veces ha tenido Pedro esta enfermedad?

    A) Una
    B) Dos
    C) Tres veces
    D) Nunca

20) ¿Cuándo podrá regresar Pedro a la escuela?

    A) En una semana
    B) Dos días
    C) Cinco días
    D) Diez días

José,

Estoy pensando regresar a casa de mi viaje antes de lo planeado. Yo extraño a los niños y quiero estar segura de que mi jardín esté bien cuidado. Las cosas han estado muy lentas por acá, no hay mucha gente para reunirse. No pude concretar varias de mis citas, ya que las personas con las que me iba a reunir estuvieron enfermas. No he vendido nada. Viajaré el lunes a las 8:15 en Delta, en lugar del miércoles a esa hora. El número del vuelo es el 1809. ¿Podrás recogerme? Por favor respóndeme este e-mail confirmándome.

Tu hermano,

Juan

21) ¿A qué hora aterrizaba el vuelo original el miércoles?

   A) 9 am
   B) Por la tarde
   C) 8:15 am
   D) Media noche

22) ¿Porqué Juan regresa antes de lo previsto?

   A) Mal tiempo.
   B) Se perdió.
   C) Se le acabó el dinero.
   D) Los negocios están lentos.

23) ¿Porqué le está informando a su hermano respecto de sus nuevos planes?

   A) Para averiguar si lo puede recoger.
   B) Para pedirle que cuide a sus niños.
   C) Para pedirle que cuide su jardín.
   D) Para pedirle prestado dinero para su vuelo.

24) ¿Porqué las cosas han estado lentas?

   A) Las personas con las que tenía reuniones no se presentaron.
   B) El estuvo enfermo y no pudo asistir a sus reuniones.
   C) Las personas con las que tenía reuniones estuvieron enfermas.
   D) El no tuvo reuniones.

 Test Questions Answers & Translation

El 3 de enero de 2009, el ultimo trabajo de Rodrigo Gómez será presentado en la librería Barnes and Noble en el Centro Comercial Ventura Mall. El título del libro es "Porqué mi Madre me Ama" y si bien es ficción, parte de él está inspirado en las experiencias reales de vida de Rodrigo. El dará un discurso corto y responderá preguntas a las 4:30 pm. Luego de esto, el estará disponible para firmar sus libros, en el evento desde las 5 pm a las 7 pm. El precio regular del libro es de $24.99, pero hay una oferta especial para aquellos que ordenen los libros con anticipación. Si se compran antes del evento, el costo será de sólo $19.99. Esperamos verlos allí!

On January 3, 2009, the latest work of Rodrigo Gomez will be released at Barnes and Noble in the Ventura Mall. The book is entitled "Why My Mother Loves Me" and is part fiction but was inspired by Rodrigo's real life experiences. He will give a short speech and answer questions at 4:30 pm. After, he will be on hand to sign books purchased at the event from 5 pm to 7 pm. The book is regularly priced at $24.99 but a special pre-order deal is available. If you purchase before the event, the cost will only be $19.99. We hope to see you there!

1) ¿Cuál es la profesión de Rodrigo?

   A) Actor
   B) Escritor
   C) Cantante
   D) Bailarín

   What is Rodrigo's profession?

   Actor
   Writer
   Singer
   Dancer

2) ¿En qué firmará autógrafos Rodrigo?

   A) Libretas de notas
   B) Fotografías
   C) Volantes especiales
   D) Libros adquiridos en el evento

   On what will autographs will be signed?

   Notebooks
   Pictures
   Special flyers
   Books purchased at the event

3) Para obtener el descuento en el precio del libro, usted debe

   A) Traer el volante
   B) Comprar el libro en el evento
   C) Comprar el libro antes del evento
   D) Traer un libro de casa

   To get the discounted price, you must

   bring in the flyer
   purchase at the event
   purchase before the event
   bring a book from home

La semana que pasó, leí el libro "El observador." El libro fue escrito por Julio Tavarez. El libro tiene 479 páginas y trata sobre una mujer cuyo hijo desaparece. No se sabe si es que escapó o si es que fue secuestrado, se sospecha lo peor. Ella empieza a recibir misteriosas llamadas telefónicas y notas en su correo electrónico. Ella va a la policía, pero ellos no pueden resolver el caso. Ella contrata a un detective privado; Miguel, para que la ayude a llegar al fondo del misterio. Pero, está Miguel realmente de su lado? No pude dejar el libro. No les contaré lo que pasa, tienen que leer el libro para que lo sepan.

This last week I read the book "The Watching." The book is written by Julio Tavarez. The book is 479 pages long. The book is about a woman who's son disappears. She doesn't know if he ran away or was kidnapped but she suspects the worst. She starts getting mysterious phone calls and notes via email. She goes to the police but they are unable to solve the case. She turns to a private detective, Miguel, to help her get to the bottom of the mystery. But is Miguel really on her side? I couldn't put this book down. I won't tell you what happened, you'll have to read it for yourself.

4) ¿En el libro, quién en la familia de la mujer desaparece?

A) Su hijo
B) Su esposo
C) Su hija
D) Su vecino

In the book, who in the woman's family disappears?

Her son
Her husband
Her daughter
Her neighbor

5) ¿Porqué ella contrató un detective privado?

A) La policía está muy ocupada.
B) La policía no puede resolver el misterio.
C) No hay policía.
D) Ella es una fugitiva.

Why does she hire a private detective?

The police are too busy.
The police cannot solve the mystery.
There are no police.
She is a fugitive.

6) ¿Qué la asustó?

A) Su gato estaba perdido.
B) Recibir notas en su correo electrónico.
C) Escuchar ruidos.
D) Que la sigan.

What makes her scared?

Her cat is missing.
Getting notes via email.
Hearing noises.
Being followed.

7) ¿Qué sospecha ella respecto de su hijo?

A) Que él escapó.
B) Que él está de vacaciones.
C) Que el se fue a la escuela.
D) Que alguien se lo llevó.

What does she suspect about her son?

That he ran away.
That he's on vacation.
That he went away to school.
That someone took him.

¡Esta semana, seminario sobre la administración del dinero! Aprenda cómo manejar efectivamente su dinero. Usted también puede estar libre de deudas y tener la vida que desea. Se realizará el 5 de marzo en la escuela San Pablo en la Ciudad de Méjico a las 8 a.m. Al finalizar el seminario, usted tendrá un plan completo para pagar sus deudas ahorrar para su futuro. Es gratuito. Traiga consigo un lápiz, su almuerzo y un amigo. Este seminario es para cualquiera que quisiera participar y labrar un futuro mejor para ellos y sus familias.

Money management seminar this weekend! Find out how to more effectively manage your money. You too can be debt free and have the life you want. It will be held on March 5th at the St. Paul school in Mexico City at 8 a.m. At the end of this seminar you will have made a complete plan to pay off your debts and save for your future. The cost is free. Bring a pencil, bring a lunch and bring a friend. This seminar is for anyone who would like to attend and make a better future for themselves and their family.

8) ¿Quién debería participar?

A) Cualquiera que quisiera mejorar sus finanzas.
B) Estudiantes de la universidad.
C) Miembros de esa iglesia.
D) Vecinos.

Who should attend?

Anyone who wants to improve their finances.
Students from the college.
Members of that church.
Neighbors.

9) ¿Qué deberías traer?

A) No necesitas traer nada.
B) El pago por el curso.
C) Un lápiz, el almuerzo y un amigo.
D) Sus estados financieros y sus recibos.

What should you bring?

You don't need to bring anything.
The fee for the course.
Your pencil, lunch and a friend.
Your financial statements and bills.

10) ¿Cuál es la razón del seminario?

A) Enseñar mejores hábitos financieros.
B) Pasar un buen momento.
C) Aprender sobre una nueva iglesia.
D) Hacer amigos.

What is the reason for the seminar?

To teach better financial habits.
To have a good time.
To learn about a new church.
To make friends.

Eduardo,
Estoy tratando de encontrar el mejor hotel para quedarme en Hawaii. No estoy seguro que parte de la isla es la mejor. Mi hija usa una silla de ruedas y necesita ciertas comodidades especiales, así que el hotel que elijamos deberá poder asistirnos con estas necesidades especiales. Queremos ir a la playa y quedarnos en una habitación para no fumadores, con una cama tamaño king y con vista al océano. Nuestro plan es quedarnos por siete noches durante el mes de abril. Nosotros estamos disponibles en cualquier semana, nos gustaría que nos informaras cuál sería la mejor, así podríamos elegir esa. También cuál aerolínea nos recomendarías. Por favor avísame, de tal manera que yo pueda hacer las reservas la próxima semana.
Gracias, Maria.

Eduardo,
I'm trying to find the best hotel to stay at in Hawaii. I'm not sure which part of the island is the best. My daughter is in a wheel chair and needs some special accommodations, so the hotel that we choose will need to be able to help us with that. We want to go to the beach and stay in a king, non-smoking oceanfront room. We plan on staying seven nights during the month of April. We can go any week, so if you can tell us which week is the best deal, we can go then. Also, what airline do you recommend? Please let me know so I can get this booked in the next week.
Thank you, Maria.

11) Cuál es la razón de este correo electrónico?

A) Ayudar a planear unas vacaciones.
B) Invitar a un amigo a visitarlo.
C) Escribir un artículo sobre Hawaii.
D) Enviar una propuesta de negocios.

What is the reason for this email?

Help with planning a vacation.
Inviting an old friend to visit.
Writing an article about Hawaii.
Sending a business proposal.

12) ¿Cuánto tiempo planean quedarse?

A) Un mes
B) Dos semanas
C) Una semana
D) Dos noches

How long do they plan on staying?

A month
Two weeks
A week
Two nights

13) ¿Porqué ellos necesitan un cuarto especial?

A) Ellos necesitan relajarse.
B) Ellos son alérgicos al humo.
C) Ellos son muy especiales para elegir el lugar para hospedarse.
D) Su hija tiene necesidades especiales.

Why do they need a special room?

They really need to relax.
They have allergies to smoke.
They are picky about where they want to stay.
Her daughter has special needs.

Muchas personas deben comer 2000 calorías por día, sobre la base de las actividades que realicen durante sus actividades diarias. El sentirse lleno después de cada comida, es importante para la pérdida de peso. Algunas personas pierden un poco de peso, pero pareciera que se quedan estancadas y ya no pueden seguir adelgazando. Esto puede ser frustrante. Es importante comer adecuadamente. Una alimentación basada en frutas y verduras es muy importantes, cuando uno está tratando de perder peso. Muchas personas no consumen lo suficiente de este tipo de alimentos. Además, beber suficiente agua para mantener el cuerpo saludable es también un problema. Si se bebe un vaso de agua antes de comer, esto ayudará a sentirse lleno con menos cantidad de comida. Comer 3500 calorías, es el equivalente a una libra del peso del cuerpo. Si piensas en estos números, es más fácil mantenerte saludable.

Most people should eat 2000 calories a day based on how active their lives are. Feeling full after eating is important for weight loss. Sometimes people lose some weight but seem to be stuck and can't lose any more weight. This can be frustrating. It is important to eat right. Fruits and vegetables are very important when you are trying to lose weight. Most people do not eat enough of these foods. Also, drinking enough water to make your body healthy is a problem. If you drink a glass of water before eating, this will help you feel full on less food. When you eat 3500 calories, it equals one pound of body weight. When you think about those numbers, it makes it easier to be a healthy person.

14) ¿Cuántas calorías debería comer una persona?

A) 2000
B) 3500
C) Dependerá de su nivel de actividad.
D) Dependerá si eres hombre o mujer.

How many calories should a person eat?

2000
3500
It depends on their activity level.
It depends if they are male or female.

15) Cuando estas tratando de perder peso, ¿Qué tipo de comida deberías consumir?

A) Zanahorias
B) Carnes
C) Leche
D) Caramelos

When you are trying to lose weight, what type of food should you eat?

Carrots
Meat
Milk
Candy

16) ¿Qué líquido es mejor para tomar antes de una comida?

A) Leche
B) Agua
C) Soda
D) Cerveza

What is the best fluid to drink before your meal?

Milk
Water
Soda
Beer

17) ¿Cuál es la idea central de este artículo? What is the main idea of the article?

A) Comer saludable **Eat healthy**
B) Ejercitarse Exercise
C) Vivir por mas tiempo Live longer
D) Sentirse mejor Feel better

Mamá,

Pedro tiene nuevamente varicela. Llamé al doctor y el me dijo que es muy raro, pero algunas veces sucede. Tengo que faltar al trabajo toda la semana para poder cuidar de él. El está muy cansado y le pica todo el cuerpo. El doctor me recomendó bañarlo varias veces por día para que se sienta mejor. Me gustaría mucho que pudieras venir. Tal vez podría tomarme un día libre. El doctor mencionó que al término de una semana él podrá regresar a la escuela. Quisiera que tengas en cuenta eso, por si quieres cancelar tu viaje. A nosotros nos gustaría mucho verte, pero entenderíamos si es que no pudieras venir. Por favor avísame.

Te quiere,

María

Mom,

Pedro has the chicken pox again. I called the doctor and he said that this is very rare but sometimes happens. I have to miss work all this week to take care of him. He is very tired and itches all over. The doctor said that I can give him baths to make him feel better. I'm still looking forward to you being able to come. Maybe you can give me a day off? The doctor said that after the week is over, he can go back to school. I just wanted to let you know in case you wanted to cancel your trip. We still would love to see you, but understand if you can't come. Please let me know.

Love,

Maria

18) ¿Cuál es la razón de la carta?

A) Quejarse
B) Obtener dinero para pagar las cuentas del doctor
C) Decirle a su mamá que su hijo está enfermo
D) Obtener consejo

What is the reason of the letter?

To complain
To get money for doctor bills
To let her mom know her son is sick
To get advise

19) ¿Cuántas veces ha tenido Pedro esta enfermedad?

A) Una
B) Dos
C) Tres veces
D) Nunca

How many times has Pedro had this sickness?

Once
Twice
Three times
Never

20) ¿Cuándo podrá regresar Pedro a la escuela?

A) En una semana
B) Dos días
C) Cinco días
D) Diez días

When can Pedro go back to school?

One week
Two days
Five days
Ten days

José,

Estoy pensando regresar a casa de mi viaje antes de lo planeado. Yo extraño a los niños y quiero estar segura de que mi jardín esté bien cuidado. Las cosas han estado muy lentas por acá, no hay mucha gente para reunirse. No pude concretar varias de mis citas, ya que las personas con las que me iba a reunir estuvieron enfermas. No he vendido nada. Viajaré el lunes a las 8:15 en Delta, en lugar del miércoles a esa hora. El número del vuelo es el 1809. ¿Podrás recogerme? Por favor respóndeme este e-mail confirmándome.

Tu hermano,

Juan

Jose,

I'm planning to come home from my trip early. I miss the kids and want to make sure that my garden is doing okay. Things have been really slow here, there are not a lot of people to meet with. I wasn't able to make several of my appointments because the people I was going to meet with were sick. I haven't sold anything and don't have any good leads. I'm going to fly in on Delta on Monday at 8:15 am instead of the same time on Wednesday. The flight number is 1809. Will you still be able to pick me up? Please email me back and let me know.

Your brother,

Juan

21) ¿A qué hora aterrizaba el vuelo original el miércoles?

   A) 9 am
   B) Por la tarde
   C) 8:15 am
   D) Media noche

What time did the original flight arrive on Wednesday?

9 am
noon
8:15 am
midnight

22) ¿Porqué Juan regresa antes de lo previsto?

   A) Mal tiempo.
   B) Se perdió.
   C) Se le acabó el dinero.
   D) Los negocios están lentos.

Why is Juan coming home early?

There was bad weather.
He got lost.
He ran out of money.
Business has been slow.

23) ¿Porqué le está informando a su hermano respecto de sus nuevos planes?

   A) Para averiguar si lo puede recoger.
   B) Para pedirle que cuide a sus niños.
   C) Para pedirle que cuide su jardín.
   D) Para pedirle prestado dinero para su vuelo.

Why is he telling his brother his new plans?

To see if he can pick him up.
To ask him to take care of the kids.
To ask him to take care of the garden.
To see if he can borrow money for the flight.

24) ¿Porqué las cosas han estado lentas?

    A) Las personas con las que tenía reuniones no se presentaron.
    B) El estuvo enfermo y no pudo asistir a sus reuniones.
    C) Las personas con las que tenía reuniones estuvieron enfermas.
    D) El no tuvo reuniones.

Why have things been slow?

The people he had appointments with didn't show up.
He was sick and couldn't make his meetings.
The people he had meetings with were sick.
He didn't have any appointments.

Test-Taking Strategies

Here are some test-taking strategies that are specific to this test and to other CLEP tests in general:
- Keep your eyes on the time. Pay attention to how much time you have left.
- Read the entire question and read all the answers. Many questions are not as hard to answer as they may seem. Sometimes, a difficult sounding question really only is asking you how to read an accompanying chart. Chart and graph questions are on most CLEP tests and should be an easy free point.
- If you don't know the answer immediately, the new computer-based testing lets you mark questions and come back to them later if you have time.
- Read the wording carefully. Some words can give you hints to the right answer. There are no exceptions to an answer when there are words in the question such as always, all or none. If one of the answer choices includes most or some of the right answers, but not all, then that is not the correct answer. Here is an example:

    The primary colors include all of the following:

    A) Red, Yellow, Blue, Green
    B) Red, Green, Yellow
    C) Red, Orange, Yellow
    D) Red, Yellow, Blue
    E) None of the above

    Although item A includes all the right answers, it also includes an incorrect answer, making it incorrect. If you didn't read it carefully, were in a hurry, or didn't know the material well, you might fall for this.
- Make a guess on a question that you do not know the answer to. There is no penalty for an incorrect answer. Eliminate the answer choices that you know are incorrect. For example, this will let your guess be a 1 in 3 chance instead.

What Your Score Means

Based on your score, you may, or may not, qualify for credit at your specific institution. At University of Phoenix, a score of 50 is passing for full credit. To find out what score you need for credit, you need to get that information from your school's website or academic advisor. Most schools do not offer a letter grade on your transcript for a CLEP test but give you a pass for the course.

You can score between 20 and 80 on any CLEP test. Each correct answer is worth one point. You lose no points for unanswered or incorrect questions. Don't forget, if you score 53, you did just as well as someone who scored higher. The reality is that these tests are based on the fact that you are only supposed to know about half of the material, hence the score of 50 passing. No one expects you or anyone else to get an 80. We expect you to pass with at least a 50.

Specific Test Information

The Spanish CLEP tests the knowledge that a college student would know over two to four semesters of college. There are 120 test questions to be answered in 90 minutes. The previous sample test is an accurate representation of the sections and the type of questions asked in each. The bolded answers are the correct answer. Because each language is unique, a translation is not literal, but gives you the same instructions or interpretation that you would get in the native language.

There are two listening sections and one reading section. You have 90 minutes to complete the test. Each school sets their own score, but the ACE recommended scores are 50 and 63. If you score between 50-62 you will receive six credit hours. If you score a 63 or above, you will receive twelve credit hours.

Legal Note

All rights reserved. This Study Guide, Book and Flashcards are protected under US Copyright Law. No part of this book or study guide or flashcards may be reproduced, distributed or stored in a retrieval system, or transmitted in any form or by any means, electronic, mechanical, photocopying, recording, or otherwise, without the prior written permission of the publisher Breely Crush Publishing, LLC. This manual is not supported by or affiliated with the College Board, creators of the CLEP test. CLEP is a registered trademark of the College Entrance Examination Board, which does not endorse this book.

FLASHCARDS

This section contains flashcards for you to use to further your understanding of the material and test yourself on important concepts, names or dates. Read the term or question then flip the page over to check the answer on the back. Keep in mind that this information may not be covered in the text of the study guide. Take your time to study the flashcards, you will need to know and understand these concepts to pass the test.

abrir	agosto
andar	apagar
aprender	azul
bailar	beber

August	open
turn off	walk
blue	learn
drink	dance

buscar	caber
cambiar	cantar
cerrar	comenzar
comer	comprar

fit	look for
sing	change
start	close
buy	eat

contar	correr
cortart	creer
cuarenta	dar
deber	decir

run	count
believe	cut
give	forty
say	should

dejar	dibujar
domingo	dormir
encender	encontrar
enseñar	entender

draw	leave
sleep	Sunday
find	turn on
understand	teach

enviar	escribir
escuchar	esperar
esposa	esposo
estar	estudiar

| write | send |

| wait | listen |

| husband | wife |

| study | be |

firmar	fumar
haber	hablar
hacer	hermana
hermano	hijo

smoke	sign
talk	have
sister	do
son	brother

ir	jugar
julio	junio
la biblioteca	leer
limpiar	llamar

play	go
June	July
read	library
call	clean

llegar	llenar
madre	martes
mayo	mirar
nadar	necesitar

| fill | arrive |

| Tuesday | mother |

| look | May |

| need | swim |

ocho	oir
olividar	padre
pagar	peinar
poder	poner

hear	eight
father	forget
comb	pay
put	can

ponerse de pie	preguntar
preocuparse	prestar
quedar	quejarse
reparar	romper

ask	stand
borrow	worry
complain	stay
break	fix

saber	salir
sentarse	ser
tener	terminar
tomar	trabajar

leave	know
know	sit
finish	have
work	take

traer	usar
vender	venir
ver	vestir
viajar	vivir

use	bring
come	sell
dress	see
live	travel

NOTES

NOTES

NOTES

NOTES

NOTES

NOTES

www.ingramcontent.com/pod-product-compliance
Lightning Source LLC
Chambersburg PA
CBHW080437230426
43662CB00015B/2304